津津樂道叢書系列

眾妙之門

生活道教智慧

樊惟證 著

中華書局

序

道教歷史悠久，源遠流長，其中的宗教智慧，如心性修煉、清淨自然、天人合一等，在當今社會仍然具有普世意義，從中可以得到諸多現實人生的啟發。

雖然如此，道教經典卻往往高深玄奧，普通讀者閱讀有一定困難，若有一本讀物，能深入淺出地講解道教的宗教智慧，無疑是普羅大眾的福音，樊君惟證的大作《津津樂道叢書系列——眾妙之門：生活道教智慧》，便是這樣一本優秀的作品。本書透過「講故事」的方式，闡釋了道教中蘊含的人生智慧，形象生動，寓教於樂。這些故事有來自傳統典籍如《呂氏春秋》、《搜神記》者，有來自名人軼事者，更有作者與朋友親身經歷者。比如本書以《搜神記》中范式、張劭守信的故事，闡述了誠信的重要性，有了誠信，心意可以穿越生死，因此誠信是社會和諧運轉的基本因素；又如作者用朋友親身經歷的小故事，說明主觀的判斷容易造成紛爭和不公，最有價值的事物往往不是只用眼睛就能看到的，而需要放下外在，用心去思考實證，因此社會需要消除偏見；作者還引用《道德經》的「聖人無常心，以百姓心為心」，號召讀者發現周圍的美好，及時安慰身邊不開心的人，為社會增加溫暖人情味，讓當今商業社會中人與人的關係不再冷漠。

閱讀本書，讀者自能從每則小故事中獲得相應啟示，將道教智慧運用於現實，令生活豁然開朗，也令博大精深的道教文化在現代都市重煥生機。

欣聞樊君此書即將付梓，不勝歡喜。子曰：「人能弘道，非道弘人。」樊君即是以筆墨弘道，結合了道教的古老智慧和現世人生。此書探討了道教智慧在現世生活中的應用，在啟迪讀者修心之外，又能讓更多的人親近博大精深的道教文化。香港中文大學道教文化研究中心亦堅持不懈，多年來與蓬瀛仙館合作，以出版圖書、開辦文憑課程等方式，向大眾推廣道教文化。在此，我也希望各位同道，於修行同時，亦多關心現世，在這個多元化的社會中，以自身之本色當行，踐行大道，弘揚大道。

黎志添教授
香港中文大學道教文化研究中心主任
二〇二三年三月

目錄

清靜・澹泊

生活・智慧

精進・修行

因果・業報

戒惡・勸善

美德・化育

身退・放下

大愛・無私

清靜・澹泊

人生到底在忙什麼？

《道德經》曰：「獨立而不改，周行而不殆。」人欲長存而不衰，必須如大道般生生不息，不能完全停下來放棄自己。不過，在前進不懈的同時，我們也應該想一想生活的意義，人終其一生究竟在忙什麼呢？只是為了工作及養活自己嗎？當我們致力追求得到什麼時，有否想過也就這樣失去了人生。以下事例或可啟發一二：

有一對夫妻節衣縮食，同甘共苦十多年，最終如願付了首期，買了一間向海的小別墅，還僱用了一位工人打掃。接下來的日子，夫妻兩人為了沉重的供款，每天更加努力打拼，從晨早做到半夜才能休息。另一方面，家裏的工人每天早上打掃完，卻可以抽一點時間，自己泡一杯咖啡，拿着點心，坐在窗台欣賞窗外的海景。晚上八點多主人回家，吃過飯後又對着電腦繼續工作，直到凌晨才入睡。工人在晚上洗

碗後，卻可以到海邊逛逛及吹風，十點便可上床睡覺。夫妻身邊的朋友都在說，多忙不重要，買了別墅讓工人享受，到底在忙什麼？

這篇看似荒唐的笑話，卻真實的存在於現實生活中。人需要的到底是什麼？為了想住好一點，所以努力打拼賺錢；好不容易買到房子，卻為了供款而更加努力工作，最後真正長時間住在房子裏的是工人而非屋主。當我們追求物質生活時，有否想過家庭生活、精神生活及享受人生也是生活一部分？只是為了住好一點而令生活素質全面退步，這樣的情形不是很可悲嗎？

遇到逆境，我們應該如何面對？

人生總有順境和逆境的時候，跨過了逆境，我們便更上一層樓。如何面對逆境，這需要提升內在的智慧，以道教來説就是清靜的功夫。若清靜功夫不足，面對逆境時便不能沉着應對，容易因為一時衝動而鑄成大錯。《道德經》曰：「孰能濁以靜之徐清」，究竟有多少人可以在紛亂及逆境中安靜下來，澄清心靈呢？以下生活事例或可得到啟發：

某天父親在家裏丟了手錶，他一面抱怨，一面倒騰着四處尋找，找了大半天還是找不到。後來幼子悄悄進入他的房間，不一會兒便找到了手錶。父親問：「你怎樣找到的？」兒子說：「我剛才在你的床上安靜坐着休息，很快就聽到了滴答滴答的聲音，於是在你枕頭邊找到了手錶。」

愈是抓狂，愈是找不到東西。以上事例我們也經常遇到。誠然，如果事情發展不似預期，我們難免覺得受挫、煩躁。在如此心境下做事必然愈做愈不順，愈做愈心煩。這般惡性循環，往往令事情難達圓滿，更讓意念失控，最終將自己困在永無止境的低迷情緒中。只有真正平靜下來，才能看清周圍的環境，聽清內心的聲音，避免令事情惡化。不過，大家日常有注重清靜的修養嗎？

如何尋回幸福的感覺？

套用《道德經》一句說話：「其出彌遠，其知彌少。」愈向外尋找，愈是迷失。我們經常覺得「隔離飯香」、「外國的月亮較圓」，那麼自己身處的現狀真的不美、不好嗎？是否完全沒有值得我們感到幸福的地方？以下事例或可啟發大家對幸福的思考：

仙女時常到凡間幫助人，希望大家能感受到幸福。某天仙女遇見一位苦惱的農夫，他家中水牛死了，不能幫忙犁田。仙女便送他一頭健壯的水牛，農夫面露幸福表情。又有一天，她遇到一位沮喪的男人，男人訴說自己的錢被騙光，沒有辦法回鄉了，於是仙女給他路費，男人表示十分幸福。又一日，她遇見一位年青、英俊、有才華而且富有的詩人，他的妻子貌美又溫柔，但詩人過得不快樂。仙女問他：「我能幫你嗎？」詩人說：「我什麼都有，只欠一樣東西。」仙女問：「是什

麼呢？」詩人看着仙女：「我想要幸福。」仙女想了想，說：「我明白了。」然後把詩人擁有的全都拿走，包括才華、容貌、財產和他妻子。一個月後，仙女再回來，那時詩人已經餓得半死，衣衫襤褸地躺在地上掙扎。於是，仙女把一切還給他。半個月後，仙女再去看看詩人。這次，詩人擁着妻子，向仙女道謝，因為他得到幸福了。

《道德經》曰：「知足之足，常足矣。」愈容易知足的人，愈是幸福。當我們肚餓時有一碗熱騰騰的麵，這是幸福。當我們累死時可以跳上床，這是幸福。當我們悲傷痛哭時有人遞上紙巾，這也是幸福。人愈是簡單、知足，便愈容易發現幸福就在我們身邊。

為什麼生氣不能解決問題？

生氣不能解決問題，脾氣爆發時更容易掩蓋理智，終會鑄成大錯。相反，如果用清靜驅除煩躁，更能增長智慧，降伏魔心。以下事例或可得到啟發：

有一位老修行有天開門出來，迎面撞上了一位大漢，不只眼皮弄傷，眼鏡也跌碎了。大漢沒有愧疚，反而大喝：「老頭，你學人戴什麼眼鏡？」老修行慈悲應對。大漢奇道：「你不生氣嗎？打我吧！」老修行緩緩道：「兄弟，我生氣也不能令眼鏡復原，傷口也不會立即消失，而且生氣只會作惡，不能解決問題。我們能遇上必有大因緣，我應該感謝你給我化解惡緣的機會。」大漢若有所思離開了。數月後，老修行收到大漢的信件，內有五千元，說是賠償眼鏡及捐獻，信中更說老修行救了三條人命。原來，某天大漢早了下班，發現妻子與一名陌生男子在家談笑，一氣之下衝進廚房取菜刀，準備做個了斷。陌生男子驚慌之下摔了眼鏡，大漢腦海中閃過老修行的教誨，頓時冷靜下來，醒覺夫婦的問題雙方都有責任。安靜過後，大漢有所反省，現在一家人更和睦了，故專誠向老修行致謝。

生氣時最困難的不是爭一口氣，而是把這口氣嚥下及化解。金代晉真人嘗言：「心慌意亂地獄門。」生氣只會蒙蔽雙眼，令自己走向罪惡及犯錯。當我們生氣時，謹記「生氣不能解決問題」，能夠冷靜下來五秒，事情的結果將會大不同。

人最害怕的是什麼？

《常清靜經》曰：「內觀其心，心無其心。」即是說，只要細心觀察自己內心，便會發現內心其實是變化不定的。今天對於一些人、事、物的想法，明天已經不一樣，而且我們會想出很多假設，令自己擔心及害怕。譬如很多人都怕鬼，或怕死，可笑的是見過鬼及面對過死亡的人其實不多，卻對這種未經歷過的事產生莫明的恐懼。很多人又會懼怕被人陷害、被人拋棄，甚至幻想出各種情況，在事情未發生前已將自己嚇個半死。以下故事或可啟發一二：

曾有一位女士向山上一位修行人請教：「道長，人最害怕什麼？」修行人看着她，反問：「你以為呢？」女士說：「是孤單嗎？」修行人搖搖頭：「不對。」「無助？」「也不對。」「絕望？」「不對。」女士一口氣回了十幾個答案，修行人都一直搖頭。女士十分疑惑：「那道長認為是

什麼呢？」修行人說：「就是你自己！」女士不太明白：「怎會是我自己呢？」修行人緩緩說道：「你剛剛所說的孤獨、無助、絕望等等，都是自己內心世界的影子，都是你自己給自己的感覺。你對自己說：『這些真可怕，我承受不住了。』那麼你就真的會被打倒。同樣，假如你告訴自己：『沒什麼可怕的，只要我積極面對，就能戰勝一切。』那麼就沒什麼能夠難倒你。假如一個人連自己都不怕，他還會怕什麼呢？因此，令人害怕的其實並不是那些想法，而是我們自己啊！」

我們在生活中經常感到憂慮不安，沒有人去恐嚇我們，但就是有一種無形壓力，令自己產生負面思想。一個人最大的敵人是自己，《道德經》中說過「自勝者強」，如果能夠戰勝自己，能夠堅定自己的信念，即使受到外界的一些影響或挫折，只要能夠及時醒覺，並且轉到積極正面的思維上來，很多事情便能掌握在我們的手中。或許，我們無法改變人生，但至少我們可以改變人生觀吧。

人可以完全沒有貪念嗎？

《道德經》曰：「見素抱樸，少私寡欲。」道家思想沒有要求世人完全沒有欲念和貪念，而是希望大家盡量減少，生活以素淡簡樸為原則。即使是修行人，也需要一步一步的洗滌磨練，豈能瞬間一塵不染？凡所有眾生，皆有貪念，我們不可以聖人角度去審視每一個人，以下是近日聽聞一則事：

一個做房地產的老闆，對一個跟隨自己多年的忠誠部下心存感激，打算送一間房子獎勵他。老闆讓他在公司開發的一個小區內任選一間，結果這位部下選了一間建築面積一萬二千呎的大房子，讓這位老闆很是不爽。老闆以為這位部下會自覺的選擇一個數千呎的單位。現在他埋怨道：「沒想到他這麼貪，選了全區唯一最大的！」結果，老闆改變主意，自作主張地送出一間五千呎的單位。這位部下心生不滿，憤而辭職；這位老闆也失去了一位好員工。

人之所以是人不是神，是因為人性難免有缺點。因此，不要隨便去試探別人，更不要以聖人標準去量度對方。今天我們不受誘惑，不是因為我們定力強，而是每個人注重喜好各有不同，有些人愛錢，有些人好色，有些人重名，有些人重情；這次誘惑只是沒有打在我們的軟肋上，或是強度有所不足。聖人之所以是「聖」，因其有道德的自覺，懺悔罪過，知錯能改，把貪念降到最低，而不是他們六根完全清淨吧！

你愛惜自己的身體嗎？

人，大多是愛自己的，但一方面以為愛自己，另一方面又在糟蹋自己的健康，總是懶做運動，總是貪吃、熬夜，終日看手機、看電腦，也有人不戒煙酒……總是不自覺的傷害自己身體。有些人以為自己重視養生，其實對於健康的生活習慣不過偶一為之，更多時候是在做傷害自己的事。《道德經》曰：「知止不殆，可以長久。」知道適可而止就不會帶來危險，這樣才可保養長久。以下事例或可得到啟發：

醫生為病人小花檢查身體，並問了她的生活習慣，之後說：「你並不喜歡自己！」小花不認同：「我怎會不喜歡自己呢？」醫生說：「每天該吃飯時你會忘記，該睡覺時又在上網。雨天出門你又懶得帶傘子，感到寒冷又不穿外衣，還要喝冷飲。我曾勸你要戒煙、酒和咖啡，你卻記得定時補充尼古丁、酒精和咖啡因。難道這不是折磨自己的身體

嗎？你還說喜歡自己？」小花無言，良久才紅着臉問：「那應該怎樣做呢？」醫生說：「好好吃飯！好好休息！好好工作！好好穿衣！戒掉壞習慣，好好對待自己的身體，這就是好好愛惜自己了！」

愛，有時候並沒有什麼大道理。愛自己，也不過是從吃飯、穿衣這種日常事做起。修行也一樣，王重陽祖師曾說：「諸公如要真修行，飢來吃飯，睡來合眼也。」修行就是專心吃飯，吃得素淡簡單，吃出健康；睡要專心睡覺，睡得安心無夢，睡得健康。「修行」和「健康」都需要依從簡單、清靜和戒除陋習的原則。無論是為了健康或是修煉身心，都要在生活上由簡要、素淡的原則做起。

什麼是惜福？

惜福，即珍惜眼前幸福，是一種知足常樂的心態，並非總是抱怨。另外，還要懂得約束欲望，生活有度而勤儉。人生也有涯，而欲望卻無窮無盡，如果不約束欲望，任由欲望放縱擴張，只懂向外求索，這不是惜福，而是取禍及令自己痛苦。老子謂：「禍莫大於不知足」，無奈很多人知進而不知退，知欲而不知足。

一位樵夫在路上撿到一隻受傷的銀鳥，銀鳥全身包裹着閃閃發光的銀色羽毛，樵夫欣喜說：「我一輩子從來沒有遇過這麼漂亮的鳥！」於是把銀鳥帶回家並替牠療傷。在療傷的日子裏，銀鳥每天唱歌給樵夫聽，樵夫十分高興。某天鄰人告訴樵夫發現了金鳥，比銀鳥還漂亮千倍，而且歌也唱得好聽。樵夫驚訝，原來還有金鳥啊！從此每天只想着金鳥，也不再仔細聆聽銀鳥清脆的歌聲，日子愈來愈不快樂。此

時，銀鳥已經康復，準備離去。銀鳥飛到樵夫身旁唱歌，樵夫聽後感慨地說：「你的歌聲雖然好聽，但是比不上金鳥；你的羽毛雖然很漂亮，但是也比不上金鳥。」銀鳥唱完歌便向着金黃的夕陽飛去。樵夫看着銀鳥，突然發現銀鳥在夕陽照射下，變成了美麗的金鳥！夢寐以求的金鳥就在那裏，但金鳥已經飛走了，而且飛得遠遠的，再也不會回來。

人們常常在不知不覺中成了樵夫，原來金鳥一直在自己身邊，自己卻未曾察覺……我們現在所交往的另一半，可能不夠美，不夠高，身材不夠好，不夠有錢，不夠時間陪你，或者是達不到你心中的那個標準……人在福中不知福，有幾多人能夠做到珍惜當下呢？古人云：「井涸而後知水之可貴。」凡一切幸福之事，不要等到過去了才後悔莫及。這樣除了徒增悔恨與追憶外，又於事何補？為何不珍惜現在？若能知足感恩，當下人生即為樂土了。

如何面對針對自己的人？

面對無端鬧事的人，必須提醒自己保持清靜的心，盡可能迴避當下緊張的氣氛。《道德經》曰：「曲則全，枉則直。」暫時的委曲和反思，反而能顧全大局。即使滋事者如何顛倒是非，我們也需以正面的態度面對，以及適時作出回應。事情過後，也要學懂放下。以下一則寓言或可得到啟發：

在大海裏，一條魚問烏龜：「為什麼你每次遇到事情總會躲起來，縮在殼中？」烏龜慢慢伸展四肢說：「我不是逃避，只是在緊張忙亂時，先尋求一個平靜的環境而已。試想想，別人的評論真的每句都重要？有必要每句都在意嗎？」魚再問：「可是，你被罵了也不在乎嗎？」烏龜瞥了魚一眼，慢慢轉身說：「這就是為什麼我活得比你長久！」

《道德經》曰：「處眾人之所惡，故幾於道。」人若能學懂謙和退讓、忍辱不爭，就最接近於大道。凡事都跟人對抗，凡事都在乎和動氣，先不要說成效，自身情緒及健康都會受到影響。人家愚昧，難道我們也要跟着他們作孽？

何謂「斷緣」？

唐代司馬承禎在《坐忘論》提到修道有七個階次，其中第二項便是「斷緣」，即「斷有為俗事之緣」，拋棄無止境追逐榮華富貴的心，減少無謂的應酬和奔波，從而要求「恬簡日就，塵累日薄。」即崇尚簡單知足的生活，去除華美奢侈的貪求，並提出「無事安閑，方可修道。」以下是身邊朋友的事例，或可得到啟發：

朋友每年都會參加某名山道觀的短期修行營。來到第十年，山上住持也跟他熟絡了，問他：「相信你已懂得修靜的方法，為何今年又再報名參與？」朋友回應：「每當下山後，我又要重投繁重的工作。每晚加班或應酬，回家已夜深了，根本沒空把自己靜下來。假日也要在家處理公事，現只能每年放一次長假，來到這裏安靜一下，否則我真的受不了。」住持說：「不先斷緣，這樣修行終究沒有進展，你只會愈來愈辛

苦。為何不轉換工作呢？」朋友說：「很難再找到一份高薪工作吧！」住持道：「即使放棄健康也可以？」朋友下山後，認真思索，終於轉換了一份薪金較少但不太繁重的工作。兩年後他再上山拜訪住持，住持問他：「為何你再沒參加修行營呢？」朋友答：「我已換了工作，每晚也可抽時間靜修，周末更可陪伴家人。現時精神及健康都好了，今日專程來答謝住持！」住持說：「每天內心找到安閑，勝過一年來一次靜修啊！」

斷緣，關鍵在「捨」，捨棄過多的塵勞俗事、交際應酬，以及情欲牽纏。若每件事都不捨下，卻要爭奪更多、享受更多、巴結更多，只會與「清靜」無緣。一年去一次修行營，不如每天找尋空間安靜自己，這才是真正關心內心的健康。

什麼是「庸人自擾」？

古書提到：「天下本無事，庸人擾之為煩耳。」事情本來是很簡單的，庸碌者卻自己找麻煩，將簡單事情弄糟了，徒添煩惱。我們每天身邊都發生各種大小事情，如果我們一一放在心上，對每個人的說話都執着，那又怎會不吃力？《常清靜經》提到的「人能常清靜，天地悉皆歸」，人愈清靜，減少妄想，就愈接近道。以下故事或可啟發一二：

有一位員外因六十大壽而宴請親友，眼見開席時間快到了，卻還有一大半客人沒來。他着急的大聲說：「怎麼該來的人都還沒來呢？」此話一出，一些比較敏感的客人聽了，心想：「該來的沒來，那我們是不該來的吧？」於是離席而去。員外一看，怎麼走掉了幾位客人，心裏急了嘴上又說道：「怎麼不該走的客人都走了呢？」剩下的客人一聽，

心裏想：「該來的客人沒來，不該走的客人都走了，那我們這些人不就是不該來的，也是該走了。」於是又走了一批客人。最後，席間只剩下幾位和員外比較親近的親友，夫人一看此情景便埋怨員外，員外辯說：「我說的不是他們啊！」席間的親友心裏一想，你不是在說他們，那就是在說我們了，於是最後的幾位客人也走了。

本來是一件喜事，客人卻對號入座，將員外的說話都看成是針對他們。言者無心，聽者有意，這正是庸人自找的煩惱。員外的意思是所有客人都是應該來的，但為何這些該來的人之間還有那麼多人沒來。客人有疑慮卻又不弄清楚，只在自己腦裏胡思亂想，這就是世間各種誤會產生的原因。因此，誦經、靜坐等修行就是要人消除妄想，不浪費時間想些負面的，令頭腦經常保持清靜、簡單、純正；可是我們多數人都做了員外的賓客，每天都在猜想人家是否針對自己，這又怎會不痛苦，不成為庸人呢？

有了金錢便會快樂嗎？

不少人都認為，自己在孩童的年代是最快樂的，那不關乎是否有錢沒錢，而是那時候思想簡單，而且不用苦惱三餐，也不用提防社會小人，所以玩樂時也特別開心，平日也常展現笑容。不過，為什麼長大後我們懂得賺錢了，卻愈來愈不快樂呢？

從前有位國王掌管天下，大權和財富在握，但不因此感到滿足，常對生活不滿意。即使每晚舉行盛大晚宴和舞會，也感到苦悶。一天他自己一人在宮中遊逛，遇到一位廚子在快樂哼歌。國王問他為何如此快樂，廚子答他現在生活安定，妻兒溫順，兩餐溫飽，家人健康，所以便很滿足了。第二天國王向宰相提及此事，宰相答道：「他快樂是因為他沒有錢。」國王十分詫異，宰相答：「明天我將一袋金幣放在他家門前，你便知道一二。」廚子翌日開門時發現金幣後欣喜若狂，立即收藏在家中隱蔽處。之後他每天如常上班，卻完全提不起勁，同事問他什麼事又不敢直言，怕別人起疑心。如是幾天他的心情很沮喪。至於家人知道此事後，經常吵鬧如何使用這筆天降財富，並爭論如何讓財富滾大及增加。另一方面，廚子又擔心妻子想獨吞金幣，於是多番提防。一個月後國王再遇廚子，只見他既不哼歌，再也沒有笑容。國王不解，宰相答道：「其實只要感恩知足，人可以很愉快。當物欲豐富了，貪念又增加時，便須付出快樂作為代價。」

呂祖在《勸世文》曰：「衣食隨緣，自然快樂。」人愈是簡單就愈快樂，若財富多了便有隨之而來的煩惱。缺少金錢固然也會煩惱，但多了也不等於快樂。只要懂得珍惜眼前所有，經常惜福惜緣，感恩知福，當下已經可以很快樂。

人生一定要爭取到最好的位置嗎？

現時大家都在爭論孩子是否不應輸在起跑線上，父母每天都為孩子的學業操心，只希望他們將來找到一間好學校，升讀一流的大學，找到一份最好的工作。不過，人生的目的就是為了一個好的位置而盲目拼命嗎？即使是錯過身邊美好的一切，最後換來疲累不堪也覺得值得的嗎？且看以下故事：

一個馬戲團招募一天的臨時工，並列出待遇：工作三小時可得一張外場的票；滿六小時可以進入內場看表演；而做一整天則可以坐到最前排、最好的位置上。一對窮兄弟以為機不可失，打算幹一整天辛苦的工作換取兩張最前排的票。於是，他們不停幹活，由清早到黃昏，中間只吃了一個饅頭。其實，兩兄弟到下午已經十分疲憊，但是坐在前排看馬戲的願望支撐着他們一直辛勞到最後。晚上他們完成工作，並

取得門票。他們筋疲力盡地坐在第一排最中間最好的位置，卻滿身塵土，滿手都是水泡。主持人出場時，大家都熱烈鼓掌，可惜這兩個可憐的孩子卻在掌聲裏疲累的沉沉睡着了……

繁華俗世的風景比馬戲團更豐富、精彩，人人都渴望能坐上最前排、最中間的好位置。現實中我們也一直接受着這樣的鞭策，一定要努力再努力，爭取躋身第一。然後我們就拼命幹，幹到身體疲憊、崩潰，才得到那張最好的門票。《道德經》曰：「得與亡孰病？」得到名利和捱壞身體哪一樣令人憂心呢？當我們老了，耳聾眼花、百病纏身，雖然努力拿到入場券，但我們還有精力去欣賞嗎？人生的目的，不是只為坐在一個好位置而埋頭拼命，其實只要盡了心力，我們也可怡然欣賞每一場精彩的演出吧！

突如其來感到氣憤，應怎辦？

對於一般人來說，平日沒有唸經和靜養的習慣，遇到令人氣憤的小事時就很難立即紓緩心情，有時候甚至會即時爆發情緒。那麼有什麼方法適合所有人去面對突如其來的怨氣呢？

王陽明是明代著名的哲學家和教育家。某天有一個學生為了小事與別人不和，就去跟王陽明先生訴說曲直。陽明先生回答他：「過幾天再說。」幾天之後，那人又來：「還是請先生評評誰是誰非！」陽明先生又說：「等待心平氣和再說。」再過幾天，那人又來了：「學生現在已經心平氣和了！」陽明先生笑着說：「你既然已經心平氣和了，那就回去吧！」

有時候面對別人的橫蠻不講理，的確很難一時間平伏心情，這時候可以對自己說：「過幾天再找你爭辯！現在我先忙！」如果心裏想起仍覺不快，便先忙自己的事，睡覺時也跟自己說：「過幾天再說！」先和自己約定了，這幾天便不要想。待過幾天後，如果心理仍有點氣，便再跟自己說：「等我心平氣和時再說吧，現在沒氣跟這種人辯論了。」當然，到了心平氣和，我們便不需要爭辯吧。有時候，小小的怨氣，無需立即動氣還擊，否則大家便會衝撞更大。不如先避開最火旺的時刻，這樣大家才能避免無謂的怨懟。

是否一定要到遠離人群的地方才能煉心？

當我們在繁囂的城市生活一段日子後，間中遠離人群到郊外坐坐，的確可以令人安定下來，但回到城市後又再煩亂苦惱。為什麼呢？是否一定要住在寧靜的環境裏才會靜心呢？

從前，有一位國王拿出獎金，希望有畫家能畫出最平靜的畫，不少畫家前來嘗試。國王看完所有畫作後，選擇了最喜愛的兩幅，打算再從中挑選一幅。第一幅畫描摹的是一個平靜的湖，湖面如鏡，倒映出四周群山，上面點綴白雲。但凡見到該畫的人都不禁同意這是描繪平靜的畫作。另一幅畫卻是下着大雨，雷電交加。山邊翻騰着湧起的瀑布，看來一點都不平靜。不過，當國王靠近一看時，就能發現在瀑布後的小樹叢內，有一隻母鳥坐在牠的巢裏十分平靜。國王最終選擇後

者，他解釋道：「清靜並不等於一個完全沒有困難和辛勞的地方，而是在一切紛亂中，心中仍然平靜，這才是清靜的真正意義。」

環境的寧靜未必能造就內心的安定。依賴避世來忘卻煩惱，不是真正尋求清靜。反而身處逆境仍能不擾亂己心，這才是真正的清靜。誠然，最初煉心時最好選擇寧靜的地方，猶如很多全真派道人在出家修行初期，都會先在僻靜處獨自煉心。然而，當內心去除了舊日的塵垢，修行人便需再走到凡塵中苦志磨煉，不讓內心跟隨環境轉變，時刻練就平和的心，大智若愚，淡然處之，這才是真正的「有道之人」。只有這樣練就出來的清靜，才能經得起考驗。

生活・智慧

11
12
9
8
7

為什麼幫助別人也要有智慧？

能濟急扶危，是莫大的功德。不過，大家有沒有試過，幫助別人未必會得到答謝，反而會遭到抱怨呢？行善也需要智慧，我們一方面要顧及對方感受，一方面更要避免濫用資源，讓真正有需要的人受惠。以下故事或可得到啟發：

宋代名臣鄭剛中在溫州當通判時遇到飢荒，那時除了官家以平價賣米給百姓之外，鄭剛中自己亦捐出俸祿，並向各方勸募，將米分發給災民。當時太守說：「這樣的做法，恐怕對真正飢餓的人沒有實惠。濫取的情況會很嚴重，不可行。」鄭剛中回答說：「這個不難。」於是準備一萬個錢幣，並在上面畫押，晚上到街頭巷尾，遇到飢餓的人就發給他們一個錢幣，並告誡道：「不要將畫押的字擦掉，明天憑這個錢幣來領米。」願意用錢幣來換米的，大概就是真正的災民了，而非貪小便宜來蹭吃蹭喝的。因此，飢餓的人沒有一個遺漏。他又建議救濟貧困的辦法，每村記錄人數，並下鄉親自查看貧苦人家，然後按需要發放米糧。規定每月十五日發放一次，百姓拿袋子裝糧食回去，年老體弱寡婦人家，或無法揹重的人，則按物價給予金錢。這樣既省去來回奔走，百姓可在家努力做事，官方也可節省許多人工和雜支。

鄭剛中提出的權宜措施，能讓有限的資源送達真正有需要的人，而不被貪便宜的人分搶賑災物資。《道德經》曰：「豫若冬涉川。」有道之士處事接物，小心謹慎，連做善事也不例外。有辦法去排除弊端，又能幫助到有需要的人，這才是真正的大智慧、大功德。

為何做任何事都應該要早作準備？

《道德經》曰：「夫唯嗇，是謂早服。早服謂之重積德。」養精蓄鋭，乃是為人生早作準備。首先要不斷積德，早種「資糧」，播下福德種子。人身難得，每一日我們都要未雨綢繆，每事都要珍惜、感恩、歡喜的去做；總不能終日渾渾噩噩，事事明天才做，結果一事無成。以下故事希望可帶來啟發：

有一位老師，他的手錶永遠快十分鐘。他曾告訴學生：「無論做什麼事，都要提早十分鐘。跟人家有約，要提早十分鐘到、要提早十分鐘去等人、要提早十分鐘去等車、要提早十分鐘去準備。『提早十分鐘』是一種生活信念，當遇上突如其來的變故，也有時間去面對，讓自己從容淡定，不會因為着急而驚惶失措，作出錯誤的決定。這樣除了代表對人、對工作、對自己職務的尊重外，更是一個人優良品德的具體表現。」

所謂「提早十分鐘」，其實是在培養「早作準備」的心態。更重要的是，代表認真看待人生，隨時隨地提醒自己，要做出完整完善的規劃，不能馬虎了事。及早準備、及早去等待機會，認真負責、全力以赴，這樣才能成就更充實、更圓滿的人生。猶如冬天起床，只不過想繼續賴一下床，結果最後便遲到了。修行也一樣，我們要早點儲備「資糧」，不可再無限期拖延了！

如何避免遭人陷害？

經常有人問：「如遭人用邪術陷害，要唸什麼咒來保護自己？」其實，這是很愚蠢的問題，我們不得罪人，才是真正的大法門。那就是說，學好經教義理，落實在做人修為上。譬如在街上與人相爭，惡人用粗言相向，你卻在唸咒，請問有何用處？最好的咒語就是懺悔。以下故事或可得到啟發：

山東有一富户，家中接連發生好幾件怪事，全家人都驚恐不已。這家主人性情剛烈，厲聲叱問：「青天白日之下，哪個妖怪敢來作祟？我馬上寫狀子，到神明那兒去告你。」忽然，樑上傳來朗朗的回答聲：「你喜歡打獵，殺了我不少子孫。我對你真是恨之入骨，可惜你的祖宗恩澤厚重，福運未盡，我也無可奈何。如今，你的兄弟在外爭鬥，你的妻妾在家內訌，一門之家各分朋黨，互相抨擊，見面就像遇見仇敵一樣。出現這樣的敗象，我才能如此痛快報仇。」那妖魅的聲音憤怒而嚴厲，家裏的人全都聽見了，主人也驚悚不已。他想了想，嘆息道：「妖不勝德，古之訓也。德行不好，埋怨妖怪有什麼用呢？」於是叫來弟弟和妻妾，說：「大禍不遠了，幸好還未降臨。如果大家都能及時醒覺，改正自己的言行，不計前嫌，不再私結黨派、排除異己，我們就有救了。」主人反覆陳述自己的過錯，對着神明虔心懺悔，引咎自責，悔過的淚水浸透衣衫。親友也彼此請罪、道歉。忽然，眾人聽到樑上的妖怪嘆氣離開了。

知錯是智慧，知錯能改是美德。宗教上的密咒需要有德者才可感通仙真護持，無德者唸咒也不能徹底解決問題。有德的人，心定神全。心神專一，外邪自然無法入侵。因此，保護自己的妙法，說到底就是德行和智慧。

人生如何獲得更大的收穫？

《道德經》曰：「將欲奪之，必固與之。」要獲取更大成就，必先付出及犧牲。收穫從來不是從天而降，而是因果累積，種得愈好便有愈好的收成。你不播種、不翻土、不灌溉、不細心照料，那麼如何可以發芽及健康成長呢？以下故事或可得到啟發：

一個商人到小鎮上推銷魚缸，但小鎮的人沒有養魚的習慣，賣了很久依舊乏人問津。商人想了想，找到了一個賣魚老人，他以很低的價錢向老人訂下一萬條小魚，並要求老人把所有小魚投放在鎮內的水渠裏。賣魚老人十分費解，但他也照着商人的話做了。剛過半天，漂亮、活潑的小魚在水渠出現的消息已經傳遍了整個小鎮，很多人都跳到渠裏捕捉，並蜂擁到商人的店舖買魚缸。那些還沒有捕到小魚的人

都來搶購，希望有一天自己也會捕到！商人的魚缸很快就被搶購一空了。商人更欣喜的是，大家都開始有養魚的習慣！

如果商人不付出那一萬條小魚，便做不成買賣，也帶不起養魚的潮流。你要人生更精彩，也是要先走出去，經歷過，起跌過，哭笑過才有更大收穫。如果我們願意與人分享自己的喜悅和所有，給身邊的人多些關懷和支持，這樣才會營造更溫暖的環境。不先走出第一步，永遠守株待兔，最終人生只會一事無成。

「聰明」和「智慧」有何區別？

《南華經．庚桑楚》曰：「正則靜，靜則明。」平正寧靜，智慧便明澈，亦即道家所講的「靜則生智」；從清靜中顯出智慧的圓融，與「聰明」是不同的。「聰明」是累積學識後，或產生貪嗔及傲慢，令人迷失本性，故《道德經》曰：「智慧出，有大偽」、「雖智大迷」，這裏的「智」及「智慧」即今日的聰明、智巧。以下一則民間流傳的趣事或可得到啟發：

據說清代東閣大學士左宗棠是圍棋高手，有次他在官邸附近微服出巡，看到一個老人擺棋陣，並在招牌上寫着「天下國手」。左宗棠覺得老人太過狂妄，立刻上前挑戰，沒想到老人不堪一擊，連連敗北。左宗棠洋洋得意，命家丁將招牌拆掉，但未有吐露身份。後來，左宗棠平亂回來，見老人居然又掛起招牌，於是生氣的要把它拆掉。老人

說：「先試試君藝何如？」左宗棠只好跟老人下棋，這次竟然三戰三敗！他回家睡了一夜，第二天再去，仍然敗北。左宗棠很驚訝，老人為何在短時間內，棋藝進步如此神速？老人笑說：「上回你有軍務在身，所以讓你贏，好使你有信心立大功；如今你已得勝歸來，我就不必客氣了。」左宗棠不相信，再逼老人對弈，結果還是輸了。左宗棠說：「我下棋的功夫真的不如他，只是嘴巴自以為厲害而已。」

世間真正的高手，是「能勝」而不一定「要勝」，並具有謙讓的胸襟，這才是大智慧。聰明的人不一定有智慧，假如得失心重，又執着要得到別人的認同，更容易釀成大禍。有智慧的人則勇於捨得、放下、不執着，而且保持清靜的心；可以聽到心聲、透視心靈，佛家稱「般若」，道家稱「自然」，即已證悟大道的真如本性。

為什麼我們總覺得別人較自己幸福？

《道德經》曰：「知足之足，常足矣。」懂得感恩和滿足的人最珍惜幸福、最心安喜悅。不過很多時候，人們只看到別人的幸福，對於自己身在福中卻視若無睹，那就是廣東俗語「隔離飯香」。大家有否想過，你羨慕人家的生活，假如真的可以和他們交換身份，事實會如你所想的那麼幸福嗎？以下事例或可得到啟發：

某處有兩隻老虎，一隻在籠子裏生活，一隻在荒野中生活。某天牠們不期而遇，兩隻老虎都認為自己所處的環境不夠好，互相羨慕對方。牠們最終下了一個重要決定——交換身份，一隻走入籠中，一隻走出來進入荒野。剛開始時大家都感到新鮮有趣，期盼着快樂來臨。但是，兩隻老虎很快便死去了，一隻因為飢餓而死，一隻因為憂鬱而死……

幸福不在別處，就在當下，每個人身處的地方都是幸福快樂所在。《道德經》曰：「其出彌遠，其知彌少。」大千世界，變幻無窮，一味向外求索、追逐外在的享樂而忘記返觀內照、知足感恩，最終只會愈向外走愈找不到。你見他人在人前快樂，你怎知道他不如意的一面呢？亦即人家也看你生活美滿，又怎知道你也有煩惱呢？

如何減少浪費食物？

香港政府近年積極宣傳「咪做大嘥鬼」，勸人惜食及不要浪費。《道德經》有一句說話很值得借鏡：「孰能以有餘以奉天下？」我們要把有餘的捐贈及分享出去，千萬不要有獨佔及浪費的心。當然，最好是做到清靜素樸、知足寡欲。無論富有或貧窮，我們也要有感恩的心，懂得惜緣、惜福，珍惜所有。以下事例或可得到啟發：

朋友是城中某位名人的秘書，有天跟着老闆去談生意，午餐時在酒店點了一桌菜。吃飯中途，服務生端上一道特色菜，老闆禮貌地拒絕了。服務生解釋：「這道菜是免費贈送的。」老闆笑着回答：「免費的我們也不要了，吃不下，很浪費。」飯後，老闆將吃剩的菜打包。回公司的路上，老闆吩咐司機將車子開慢一點，好像在打量什麼。正納悶時，老闆要求將車停下來，拿起打包的食物，走到露宿街頭的老人

家面前，雙手把食物遮了過去。

社會不斷進步，人也要進步。進步的不是賺更多的錢，而應該是提升修養和文化，懂得約束和自覺，為別人、為環境着想。以上的生活事例正好帶出一個值得思考的訊息，不是因為免費或食物來得容易就可以浪費。人要適可而止，吃多少就多少，有餘的也要與人分享，不可丟棄。

如何界定一個人的價值？

每個人都有其才能，但能否在合適的時間遇上合適的人，都會造成我們不同的際遇。沒有人欣賞自己，並不代表我們沒有價值，可能是因緣際會所影響。故《道德經》曰：「常善救人，故無棄人」。以下一段民國逸事或可得到啟發：

齊白石是民初著名畫家，一生極愛畫蝦，更愛吃蝦，經常吃蝦皮煮白菜，一次最多能吃六隻大蝦。一天，他在路上遇見一個賣蝦人，得知一筐蝦賣五十元，就向賣蝦人說明自己畫的蝦值多少錢，願意用自己畫的蝦換對方一筐蝦。賣蝦人不懂一幅蝦能抵一筐蝦還有餘，即時氣憤地說：「你這老頭真沒道理，要拿你的假蝦來換我的真蝦！」

每人對事物都有不同的考量。在那位賣蝦人眼中，齊白石的畫作只是假蝦，不及真蝦之實用。猶如在戰亂中賣古董，在難民眼中麵包才是最貴重，這不是對牛彈琴，也不是古董不值錢，而是各人因應自身處境而有不同考慮。懂畫畫的，與懂做麵包的都有各自的價值和貢獻，實在沒有高下之分。

如何擴闊思考空間？

我們的思維時常帶着主觀與個人感情，而且受人為概念及世俗價值影響。《道德經》曰：「有無相生，難易相成，長短相形，高下相傾。」世界一切事物都在變動、相輔相成中，並不是只有長與短、高與下的兩極化；我們常受人間法則的規限，窒礙自主自由的空間。相反，不以世間固有概念思考問題，也許能看得更遠，以下事例或可參考：

一位貨車司機送貨到精神病院，當他卸貨後準備回家時，忽然發現有一個輪子爆胎。於是他將那個車胎拿下來，準備換上後備胎，卻不小心將固定車胎的四個螺帽掉到水溝裏，怎麼撿也撿不到。司機不知如何是好。此時，正好有一位精神病患者經過，就問司機怎麼了。司機很愕然，但反正什麼也幹不了，於是把事情經過告訴了他。精神病患

者說：「看來你的腦袋閉塞了。你只要把剩下的三個車胎各拆一個螺帽下來，裝到第四個車胎上，然後慢慢行駛。待開到最近的修車廠，再補上剩下的螺帽就可以了。」貨車司機敬佩之餘，不禁問道：「你這麼聰明，為什麼會住在精神病院？」精神病患者回答：「我住在這裏是因為我有精神病，不是因為愚蠢。你是健康的，但思想更見窒礙。」

真正有大智慧的人，不一定學識淵博、經驗豐富，而是思想上無有罣礙，明通事理，沒有任何想不通及憂慮的事。當我們頭腦閉塞時，不妨先放下固有的想法，有時候用簡單、自然的心去洞察事物本來的面目，可能看得更徹底和明白，這就是《南華經》所言「莫若以明」。與其鑽牛角尖，不如用最簡單的方法處理更好。

如何可以化矛盾為和諧？

人與人之間的矛盾是因為大家各持己見，互不讓步所致。當不可以互惠互利時，便需要其中一方「讓步」，而且更要付出和犧牲，來換取更大的成就。

一個商人有三個小女兒，生活非常富足。他的鄰居則是寡婦，因丈夫過身後經濟拮据，三個小兒子經常吃不飽，常借故走來和商人的女兒玩耍，懇求女孩給予食物。商人幾次請寡婦約束兒子，勿騷擾他的女兒。寡婦口頭上答應了，但沒多久小兒子又屢次借故來取食物。商人忍無可忍，找鎮上的法官評理，法官聽了控訴後說：「我可以處罰那位寡婦，也可以頒佈法令讓她管束兒子；但你是願意和敵人作鄰居呢？還是和朋友作鄰居？」商人答：「當然是朋友。」法官說：「那好，你按我說的去做吧。」商人依照法官的交代，買了幾頭羊和十多隻雞給寡婦，自此寡婦的兒子沒有再主動找商人的女兒，寡婦更將每季收成的蔬果分一點給商人作為報答。商人為表謝意，不時在節日邀請寡婦及男孩到家中作客。漸漸地兩家成了好朋友，商人更為三個男孩找學校及付學費。十多年後三位男孩已是社會上的成功人士，他們更娶了商人三位女兒為妻，兩家成為了姻親。

《道德經》曰：「將欲奪之，必固與之。」若想要取得友好人緣，必須要為他人着想，讓他人也可從中得益。如果剛開始便各自建立堡壘，不肯退讓，這樣世間便多了一位敵人。有時候，憤怒的心只會蒙蔽智慧，令人選擇了錯誤的方式解決問題。

如何面對生活上之流言蜚語？

流言蜚語，多是沒有根據的說話，而且主要是毀謗他人的內容。我們每天都會從旁人口中聽到不少是非，尤其得知是一些關於自己的謠言時，更容易無明火起！雖然不知道是否真實，但就是很想聽，而且很在意。以下有關狄仁傑的一則典故或可以啟發一二：

狄仁傑是唐朝名相，其人心胸豁達，方正廉明。某天武則天與狄仁傑談話，先是讚賞狄仁傑在汝南的政績，然後說：「你知道早前你在汝南期間，誰經常打你的小報告嗎？」（欲知譖卿者乎？）「你想知道嗎？我告訴你吧。」狄仁傑聽了，趕緊說：「陛下，請您不要告訴臣。」武則天有點訝異：「你不相信我？」狄仁傑說：「臣非不相信陛下，而是不相信自己之雅量。如果陛下認為真的是臣犯錯，臣一定檢討不足。

如果查明臣沒有過錯，這是臣之僥倖。我不知道哪些是小人，我只知道他們都是好朋友，臣請陛下不要告訴我哪些人向您打過小報告。」（臣不知譖者，並為善友。臣請不知。）由於狄仁傑還想與大家照樣相處及共事，不想在心中留下任何芥蒂。他怕自己克制不住內心的報仇衝動，一不小心私仇公報，所以他寧說「臣請不知」。狄仁傑不相信自己雅量，但他擁有了最大雅量，也因此被人譽為「河曲之明珠，東南之遺寶」。

對於一些中傷自己的內容，如果指控內容屬實，則應謙虛受教；惟內容是揑造的話，則需要「糊塗」，不要認真對待及執着不放。面對流言，狄仁傑選擇「不知道」，只怕自己心胸不夠寬厚，在得知後會心存芥蒂，並生出報仇之心。因此，對於流言寧可不知，寧可天下人負我，而我不負天下人，這才是真正寬大的胸襟！

為何不可忽視個人的力量？

我們經常聽到一句說話：「多了我一個不會太多，少了我也不會太少。」就是因為這種心態，所以每次選舉時，候選人都大聲呼籲：「您的一票十分重要，不可輕視！」如果人人都說自己的力量不重要，這樣便不能團聚大家，最後整件事也會搞垮了。

在一次隆重的祭典晚會中，酋長要求每户人家都要捐出一壺美酒，並且倒在一個大桶子裏，讓族人都可以共享。於是每一户都排着隊倒下家裏收藏的酒，很快便集滿了一大桶。慶典接近尾聲了，酋長讓人分享桶子內的美酒。當大家一飲而盡時，才發現喝下去的酒猶如清水般淡而無味。原來，很多人都以為在大桶酒裏面加入自己的一小壺清水不會遭人察覺，結果桶子裏摻雜的水分愈來愈多，酒也就如水般淡了。

譬如拔河，少了一個人的力量，很可能造成全隊的失敗。一個團隊的成功要集眾人之力，千萬不要輕視自己的力量。《淮南子・兵略訓》：「千人同心則得千人力，萬人異心則無一人之用。」團隊中只要有一個人不齊心，這個團隊也就不完整了。如果大家都認為只有自己一個人離經叛道對整體不會有影響，最可怕的是，原來大家都有這個「多了我一個不會太多」的想法，這個社會又會變成怎樣呢？

選擇一個怎樣的伴侶才最合適？

現時很多人都批評「港男」和「港女」在求偶想法上很膚淺，總是以樣貌、經濟、物業為優先考慮條件。其實，人怎會有完美？有錢未必有樣貌，有物業未必有良好品格，正如《道德經》曰：「質真若渝，大白若辱。」質樸純真的東西好像有點混濁，最潔白的東西總有點污垢，世間最完美的總帶點缺陷，這就是現實人生，也是道教的哲理。而在不完美之中，最重要的是包容和幸福。

譬如你穿三十五碼的鞋，逛街時偶然遇上一個很喜歡的款式，但老闆表示該鞋尺寸只有三十四碼，你以為穿久了就會好，最終還是買了。穿了一週後，小了一碼的鞋令你滿腳磨成水泡。雖然很痛，你也偶爾抱怨這雙鞋讓你走路很累，但其實心裏還是很得意，尤其是當朋友稱讚你穿得好看時，便暫時忘記了痛楚。一個月後，鞋子終於不磨腳

了，因為磨起的水泡已經成繭，你也習慣那種痛了。不過，自此你開始減少穿的次數。有一天，你打開鞋櫃再準備穿這雙鞋的時候，突然發現鞋沒有從前那麼好看了！你開始感慨這個月來為它受的罪，並後悔當時為什麼不選擇合腳的鞋子，雖然不夠漂亮，但起碼穿得舒服！

喜不喜歡和適合與否是兩碼事。內心的想法會隨着時間而變，這就是《常清靜經》所說的「心無其心」，我們不要被一時的主觀感情或外界評價而影響判斷。婚姻猶如一雙鞋，最重要是合腳。別人看到的是鞋，自己感受到的是腳。穿着漂亮的鞋不一定舒服，勉強只會擠腳、刮皮、流血，但合適的鞋子能包容你，任你踐踏、跑跳，你都覺得舒適，會感到幸福。婚姻是一輩子的事，我們不是要以完美為對象，而應選擇能夠包容和帶來幸福的伴侶。

為什麼受過傷害的人特別怕痛？

人人都怕痛，而受過傷害的人因為有了痛苦的經驗，體驗過痛苦的恐懼，所以他們對痛特別敏感，甚至會逃避，不希望多受一次痛苦。同樣，失戀的人很少能在短時間內另找一個新伴侶，因為他們不想再遇上一個不合適的人，令自己再次受傷。

曾有人做過實驗，將一條鯊魚和一群熱帶魚放在同一個水池裏，然後用強化玻璃隔開。最初幾天，鯊魚不斷衝撞那塊看不到的玻璃，奈何徒勞無功，牠始終不能過到對面去，而且每次都弄得傷痕纍纍，還破裂出血。持續了一段日子，每當玻璃出現裂痕，實驗人員馬上加上一塊更厚的玻璃。後來，鯊魚不再衝撞玻璃，對那些斑斕的熱帶魚也不在意，好像牠們只是牆上會動的壁畫。最後，實驗人員將玻璃取走，但鯊魚毫無反應，每天仍是在固定的區域游着，對那些熱帶魚視若無

睹，無論怎樣也不願再過去。

也許你會譏笑鯊魚很懦弱，但這是因為我們沒有受過當中的痛楚，不能體會其中感受。道教常引用《度人經》一句說話：「齊同慈愛，異骨成親。」人家受到傷害後，千萬不要指指點點及評論，而是應該用最真誠的心關心他們所受的傷害；用心了解他們疾痛所在，給予安慰和支持。猶如世人受傷後常祈求祖師庇佑，祖師必定「有感必孚」，信任和幫忙我們，又豈曾笑我們愚蠢和懦弱？

幸福在哪裏？

廣東話裏有一句俚語：「隔離飯香。」意思是指做人不知足，終日認為別人的東西是最好的，自己的東西不及別人的東西好。同樣，不少人都經常說：「他就好啦」，或者是「他走運啦」，只是羨慕人家幸福，但從沒有想到對方會有不為人知的煩惱，也不想自己有許多幸福之處。

一天，小獅子問媽媽：「幸福在什麼地方？」獅媽媽說：「幸福在你的尾巴上。」於是，小獅子不停追着自己的尾巴，但追了一整天也追不到……牠垂頭喪氣地把這個情況告訴媽媽。獅媽媽笑說：「其實你不用刻意找尋幸福，只要你一直向前走，幸福便會自然的跟着你！」

每天我們起床能吸一口新鮮空氣，看到耀眼的太陽，或享用一頓美味的早餐，每一件事都值得感恩和快樂！《道德經》曰：「其出彌遠，其知彌少。」你愈往外看，所得就會愈少！不如重視當下，珍惜身邊的一切，其實幸福一直跟着我們。我們感受不到自己的富足，原因只是我們從來都覺得「隔離飯香」吧。

如何面對別人的批評？

不少人在工作上都有遭老闆責罵或批評的經驗，心裏總會感到不愉快。不過，心情不快的同時，我們有否認真反省：為何老闆只是責怪我呢？即使他的批評不合理，為何偏偏是自己呢？我們日後應該怎樣面對？從以下故事或許可以得到啟發：

有一天，一位老修行責罵他的弟子，弟子很難過，委屈的說：「其他弟子犯錯更多，為什麼師父每次都只是嚴厲對待我？」老修行聽了，反問道：「假使你要登山，有一匹馬和一頭牛，你會選擇鞭打馬還是鞭打牛呢？」弟子回答：「馬。」老修行再問：「為何不是牛？」弟子說：「牛的能力不及，鞭打牠也沒用；馬能跑得快，所以應該是鞭打馬。」老修行說：「我對你的嚴厲鞭策，因為你像馬而不像牛。」

我們日常難免遇到別人的批評，很容易產生負面情緒，或感到憤怒和委屈。不過，如果換過角度想想，別人在意我們才會主動批評，而且批評的意見總有值得我們參考的地方，我們應該謙虛接受，並心存感激。每個人的成長過程中，總有兩種人不斷在推動我們前進，一種是讚美的，一種是批評的，批評也是一種動力。我們應該坦然承認和檢討自己的不足，如果能夠在鞭策下進步，這樣我們便是一匹良馬了。

精進・修行

為何不可以長期接受人家恩惠？

舊日傳統的社會，我們甚為講求道德節操，非生活無以為繼，也不隨便接受人家恩惠。如果得到別人施惠，也必恭敬感恩，承諾日後一定奉還；而且受人恩惠千年記，絕不會忘本。不過，有時候我們習慣了長期的幫助，則漸漸以為一切都是應該有的。久而久之，包括父母養育、朋友幫忙等事，也好像是必然的事。更甚者，長期仰仗人家恩惠，愈不懂自力解決問題，更不懂何為感恩。以下故事或可得到啟發：

有兩户人家是鄰居，一家富裕，另一家比較貧窮。有一年旱災，田中顆粒無收，窮的一家沒有收成，富人家裏還有些糧食，想着平日大家是鄰居，就送去了一升米救急。這窮的一家非常感激，認為富人真是救命恩人！熬過最艱苦的日子後，窮人再去感謝富人。談話間，談到明年的種子還沒有着落。富人慷慨說：「這樣吧，我這裏的糧食還有很

多，你就再拿一斗吧。」窮人千恩萬謝拿着米回家，但回家後，他的兄弟說：「這斗米能做什麼？既然他這麼有錢，應該多送我們一些糧食和錢。才給這麼一點，真是壞透了！」這話傳到了富人耳中，他很生氣，心想：「我白白送你這麼多糧食，你不僅不感謝我，還把我當仇人一樣忌恨，真不是人！」於是，兩家從此成了仇人，老死不相往來。

所謂「斗米恩，擔米仇」，在危難的時候即使是很小的幫助，別人也會心存感激。反而長期對同一人幫助，可能會形成依賴，由感激變成了理所當然，最後必成仇怨。換另一角度來說，我們也必須警惕自己，人家幫助我們，需要真誠感恩；若拒絕了請求，也需諒解，不要將幫助變為怨恨。我們也不可渴求人家施恩而自己什麼都不做，別人幫我們一次，不代表永遠都要幫助我們。

為何從執拾家居可以看出修行功夫？

道教修行是「為道日損」，減損和捨棄自己的貪欲、惡念，而令精神更滿足。古時修行人便是先從掃地、燒柴、挑水等簡單平實的生活做起，去除貪嗔及多餘的煩惱。現代物質豐裕的社會，從執拾家居的雜物就能看出修行功夫。以下故事或可得到啟發：

朋友浩明於中年時突然要出家，師父在廟內安排了一間房間讓他定居。第二天師父巡視房間，發現裏面放滿了雜物！師父不禁問：「出了家，為什麼仍然帶來一堆雜物？」浩明說：「師父，這些是我花了不少血汗錢買回來的東西，實在不忍心拋棄。」師父問：「現在已有出家的衣服，這些名貴的衣服還有用嗎？出家後需專心修行，還會有時間玩限量版模型和聽流行唱片嗎？如果放不下，出家又有何用呢？」最初，浩明很難過的聽從師父的說話，單純地丟去一些東西。不過，隨着學習和修持，他在心性修煉上也有了進步，一些曾經執着的東西，慢慢就很容易放下了。每次整理房間時，浩明都會扔掉一些陳年舊物。一年後師父再來巡視，驚覺除了家具和幾件衣服外，什麼都沒有了！浩明說：「師父，我終於明白，捨棄雜物不但可以回復家中舒適的空間，更重要是淨掃了內心的空間。」

我們很難一開始就做到捨棄所有東西，但只要努力修行，每天清空內心的凡塵垢穢，時間到了，我們自然知道了取捨。習慣日常從執拾家居之中捨棄舊物及不需要的，又或轉贈有緣人，這些都是清淨寡欲及布施有緣的修行功夫。捨棄了多餘的過去和物件，騰出空間，才會明白什麼是我們真正需要的東西。

改變命運是很困難的嗎？

中國自古已相信人定勝天，人可改變命運。道教更有「我命在我不在天」之說，認為人可突破生命的界限。不過，傳統宗教堅信承負因果，人出生已有基本命定，如要改變，必須要有很大決心，加倍努力，以下故事或可得到啟發：

國強只有高中學歷，他在一家印刷廠擔任送貨員。一天，他要將五十箱書送到某大學的七樓辦公室，警衛卻在電梯口攔下他，刁難道：「電梯是給教授乘搭的，其他人一律不准用，你必須走樓梯！」國強解釋這是學校要訂的書，但警衛堅持不放行！兩人吵了半天，國強一氣之下把書搬到大廳的角落便轉身離開，並返回印刷廠向老闆解釋，獲得諒解。不過，他隨即請辭，又到書局買了整套高中教材和參考書，含淚發誓要發奮圖強、考上大學！自此，國強天天苦讀最少十四個小

時，「警衛不准他用電梯」的一幕讓他加倍用功。後來，這位年輕人終於考上大學並成為醫生。數十年後，他接受雜誌訪問提到，自己沒有痛恨那警衛，反而當他是一生中的恩人。

改變命運從來不簡單，不是佩戴飾物或購買風水用品便可迅即轉變，而是先戰勝自己，徹底改變現狀，努力逆流而上。當然，更要多行善德，戒惡悔過，方可一步一步突破命運的難關。

什麼是「自知者明」？

這句說話出自《道德經》第三十三章：「知人者智，自知者明。」能夠知道別人的德才、體察事物正邪是非者，只能算作睿智；而能夠了解自己的德才、體性、過失，才算是明白。前者是小智，後者屬大智，也是修行的宗旨。修行不是發現人家的缺點，而是要內觀自省。一方面改惡遷善，一方面澄心去欲，才能清淨身心，顯現大智。以下出自《戰國策》的典故或可得到啟發：

鄒忌是一位身高八尺的美男子。有一天，他問妻子：「我和城北徐公相比，誰長得美？」妻子當然稱讚他長得美。鄒忌聽了，不敢相信，因為徐公乃齊國有名的美男子。之後，他再去問妾侍和訪客，他們都說鄒忌長得較美。鄒忌想：「很明顯，徐公比我長得美多了，但我的妻子愛我，我的妾侍怕我，而我的客人則有求於我，所以他們都說我較美。我總算有自知之明吧！」

修行人與一般人的分別不是衣着打扮的不同，而是在於一顆覺醒心。即使全世界都在欺騙你，而自己仍然保持清醒，知道是非對錯，亦清楚自己的不足。所謂大智若愚，小智取巧。在紛亂的社會裏，我們更應保持內心的清明，觀照自己的不足和惡行，才能在塵囂中仍然像清蓮般出淤泥而不染。

成大事最重要的條件是什麼？

成大事先要有耐性和決心，現時有些人做事的心態，既要待遇優厚，又要工作輕鬆，做了一段時間就說受不了，輕易放棄，這又如何成就大事？以下故事或可借鑒：

富人送給窮人一頭牛，窮人開始時滿懷希望，努力耕作。不過，牛要吃草，每天給牛找草吃十分耗費精力，於是窮人把牛賣了，買了幾隻羊。他吃了其中一隻，剩下的用來生小羊；可是小羊遲遲仍未出生，日子變得愈來愈艱難了，最後只能把羊賣了，買了多隻雞。窮人想讓雞下蛋賺錢，但是錢來得太慢，最後他把所有雞都殺了，寧願繼續貧窮。

《道德經》所說「強行者有志」，就是要求人有耐性，努力不懈地朝目標奮進，成就大事。「強行」即是勤行，即使在極大艱難的情況下仍然撐下去，耐心做好。憑着這份決心前進，那成功便會愈來愈接近。當人人都想一蹴而就，那還會有人腳踏實地嗎？

為何不可故步自封？

孔子說過：「力不足者，中道而廢，今女畫。」如果事情做到一半做不下去，因而放棄，那是力量不夠的緣故。然而未開始做，就以為自己力量不夠，其實只是畫地自限，不肯嘗試罷了。求學問或求道都要不斷突破自己及超越難關，千萬不可故步自封，不思進取。以下故事或可得到啟發：

小女孩與爸爸一起看馬戲團表演，完場後他們再近距離觀看那些動物。小女孩很納悶地問：「爸爸，大象這麼巨大！為什麼會被一根綁在木頭上的繩子牽住？而且木頭又小又輕，牠用鼻子一下子就可以拔起來了，為什麼牠不跑？」爸爸認真看了一下，木頭的確是綁不住大象的，為什麼呢？於是便請教旁邊的馴獸師：「請問你們對大象進行了什麼特訓？能讓牠如此乖巧待在原地，不會掙脫繩子亂跑？」小女孩

這時十分期待有一個神奇的答案。馴獸師看着這對父女，笑說：「什麼技巧都沒有！在牠還是小小象的時候，馬戲團便是用這根木頭和繩子綁住牠的。剛開始時，小小象還會努力掙脫繩子，但試了多次都不成功，後來牠就放棄了。雖然牠慢慢長大，體型也變大了，但再也沒有嘗試反抗！」

我們很多時都會被過往的經驗限制自己，認為以前無法完成的事，現在同樣沒有辦法，甚至認為將來的自己也一樣。這種故步自封的思想會限制一個人去接觸新事物，以及產生動力去挑戰難關，這樣永遠都不會有成功的一天。求道也一樣，《道德經》曰：「同於道者，道亦樂得之。」就是說，只要我們願意去追求、實踐大道，終必契合大道。大道從來沒有放棄我們，只是人類自己遠離大道吧！

如何勸勉消極的人？

我們一生中總會遇上難關，既然逃避不了，便需要面對、處理、放下。事情改變不了，但起碼心態要正面。《道德經》曰：「飄風不終朝，驟雨不終日。」雖遇風雨，但風雨之後便是晴天，風雨終有止息。以下故事或可得到啟發：

某夜皇帝做了一個怪夢：山倒下了，水乾涸了，花凋謝了。皇后說：「不好了，山倒了即是江山不保，水乾了是民心潰散，花謝了是好景不長吧！」皇帝聽了便一病不起。國師詢問皇帝何事病倒，當知道原因後便對皇帝說：「太好了！這個夢是吉兆！山倒下了便是平地，即將天下太平了！水乾了真龍便會現身！花謝了是要結甘美的果實！這是大吉兆啊！」皇帝聽了大喜，疾病不藥而癒。

同一件事，抱着消極或積極的心態面對，結果可以完全不同。當消極的人遇上不如意事時，若有人告訴他情況更差，將會更打擊他的信心，更甚者一蹶不振。言語的力量很大，足以影響到當事人的抉擇和人生方向。要勸勉消極的人，我們必須心態正面及樂觀，勸勉時也必須積極正向，加以善心暖意，消極者才會感到寬慰。

人生只是吃飯、工作、縱欲、休息嗎？

《道德經》曰：「眾人熙熙，如享太牢，如春登臺。我獨泊兮，其未兆。」眾人都貪圖享樂，過着飲飽食醉的生活。唯獨修道的人不以此為人生目標，過淡泊寧靜的修行生活，為心靈上和精神上的滋養而喜悅。若人生只是吃飯、工作、縱欲和休息，這和動物有何分別？以下故事或可得到啟發：

一位太太因丈夫車禍喪生而傷心不已，於是透過靈媒了解丈夫的情況。太太問：「我丈夫現在住在什麼地方？」靈媒答：「那裏的天空清澈蔚藍，還有柔和的微風，漫山遍野都是鳥語花香。」太太寬慰了一點，再追問：「不錯啊！那他現在生活如何？整天在做什麼呢？」靈媒答：「天亮時起床，早餐後只是交配，一直到中午，用過午餐後也在交配，晚餐後還是一樣。然後休息、睡覺。第二天醒來，又是如此般開始。」太太奇怪道：「難道天堂是這樣縱欲的嗎？」靈媒答：「不是！你的丈夫不在天堂，他現在是在養豬場！投胎做了一頭配種豬！」

當人解決了溫飽後，便需要將人生層次提升，修養自己的身心，磨練意志。若永遠停留在吃飯、縱欲和睡覺的生活，這不是天堂的美景，而是畜牲道的世界，難以開啟智慧，只會不斷在輪迴浮沉。

如何令自己做事更認真？

《道德經》曰：「豫兮若冬涉川」。修行人無論做任何事都會認真對待，如冬天在結冰的江河上行走一樣，如臨深淵，如履薄冰，小心翼翼。若我們做事也能慎終如始，懂得專心、忍耐和堅持，並珍惜每次機會，感恩所有，那自然會認真及歡喜的去做好。以下一段故事或可得到啟發：

曾經有一位老修行，安排年輕弟子跟隨一位書畫家學書法。那位弟子最初用廢舊的報紙練字，可是多年來一直沒多大進步。後來，書畫家對老修行說：「如果你讓徒弟用最好的宣紙來寫，可能會寫得更好。」聽罷，老修行按照他說的去做了。果然，徒弟的字大有長進。問其原因，書畫家說，因為用舊報紙寫字時，總感覺是在打草稿，即使寫得不好也無所謂，反正以後還有機會，所以就不能完全專心。若用最好

的紙，你就會感覺到機會的珍貴，於是用認真的態度對待，從而也就比平常練習時更加專心去寫，所以字也能夠寫好。

猶如人生一樣，當我們在多年後驀然回想起自己走過的路，確實有在草稿上練字的那種心態，以至於最後許多願望沒能實現。我們以為來日方長，所以才一次一次放棄難得的機遇，白白浪費了一張又一張人生好紙。所謂「人生難得」，我們要珍惜每一次機會，認真對待每一天，凡事珍惜、感恩、歡喜的去做，這就是最樸實、最純真的修行，也會成就更充實、更圓滿的人生。

如何知道自己有否竭盡全力去做事？

古時有很多證道的修道人，今日世上證道的人卻罕見，是今人不及古人嗎？這視乎我們做事是否用「竭盡全力」的態度。古時修道人深知修行是解決生死問題，所以可以勇猛精進，甚至放棄所有，並日以繼夜去修行；而且嚴守戒律，對自己要求苛刻。今日大家都知道修行的方法，但總是以為盡了力便是精進的表現，而不知道「盡了力」和「竭盡全力」是兩碼子的事。以下故事或可得到啟發：

有一天，獵人帶着獵狗去打獵。獵人一槍便擊中了一隻兔子的後腿，而受傷的兔子拼命逃生，獵狗在其後窮追不捨。可是追了一陣子，兔子跑得愈來愈遠，獵狗知道自己追不上，只好悻悻然回到獵人身邊。獵人氣急敗壞地說：「你真沒用，連一隻受傷的兔子都追不到！」獵狗聽了很想辯解：「我已經盡力而為了呀！」兔子帶着槍傷成功逃回家

中，兄弟都圍過來驚訝地問：「那隻獵狗很兇猛呀，你又帶了傷，是怎樣逃避追捕的呢？」兔子說：「牠是盡力而為，我是竭盡全力呀！獵狗沒追上我，最多挨一頓罵；而我若不竭盡全力地跑，可就沒命了呀！」

「盡力而為」是指在一定的安全考量或某種預設前提下從事任務，而「竭盡全力」就是不考慮任何問題而誓死完成任務。譬如應付考試，你認為每天抽四小時溫習是盡了力，這是自我預設前提；而竭盡全力是你沒設前提下，每天除睡眠外用盡所有時間把握機會溫習，最後成績當然與「盡力而為」那位各異。猶如修道一樣，古時呂祖可以在「十試」中不怕夜叉索命，而重陽祖師則自挖活死人墓修煉，皆是竭盡全力而為。現在我們做事也可以這樣竭盡全力嗎？

待人謙卑是指無分高下嗎？

《道德經》曰：「大國以下小國」。大國以謙讓居下而交於小國，在上者對待下屬也需要謙下，無分高低，兼容並蓄，方見修養和風度。修行人更不應自恃高人一等，而需不恥下問，求學進益。以下事例或可借鏡：

法國拿破崙登上皇位之後，有一次他和幾個隨從經過一個小鎮，心血來潮找了一間旅館及換上樸素便服，再獨個兒到街上散步。沒想到他竟然迷路了，剛好路邊有一位軍官抽煙，他便走去問路。軍官叼着煙斗，愛理不理隨便一指，叫他走右邊的路，態度傲慢。拿破崙心平氣和說：「謝謝，請問旅館離這裏有多遠？」軍官很不耐煩回答：「一英里呀！」說完轉身不再理他。拿破崙再謝，並問：「對不起，請問您的軍階是？」軍官眼光一閃，很神氣說：「猜猜看！」「是中尉吧？」軍

官很得意說：「再往上猜！」「上尉？」「還得往上呢！」「少校？」軍官得意說：「不錯，你猜對了！」拿破崙就向那位少校鞠躬，表示敬意。正當他轉身要走，少校反問他：「你也是軍人吧？」拿破崙眨眨眼睛：「你也猜猜吧！」「中尉？」「往上猜！」「上尉？」「再往上猜！」猜了很久，拿破崙的隨從剛好來到。少校聲音發顫，很惶恐說：「皇帝陛下……請赦免我的罪吧！」拿破崙大笑：「我的好少校，你沒有犯什麼罪呀！不過，我想勸你一句話，以後對待人，不要太傲慢，還是謙和一點好。」

人的胸襟、氣度、涵養，在短暫接觸中便可一覽無遺。天下間人上有人，不要以為自己高人一等而忘記謙讓。至聖孔子學識淵博，也虛心問禮於老子，又求樂於萇弘。修行愈高，更應時刻以「慚愧」自居，能如是修行，方是謙虛之德，愈接近大道。

你容易受人擺佈嗎？

有些人好不容易做了一個決定，但朋友甲說一句不好的話，他會開始猶疑；朋友乙再多說一句，他便改變初衷，永遠只聽從人家說話而不堅定志向，結果一直原地踏步，不敢前進。如果是一位信仰者，他本來打算奉獻真心做好修行，但朋友說這樣修行更好，而拜那位神明更靈驗，他又跟隨人家，這樣會有成果嗎？

在一個課堂上，老教授問學生：「如果你上山砍樹，面前有兩棵樹，一棵粗，另一棵細，你會砍哪一棵？」大家都答：「那棵粗的。」教授再問：「粗的不過是普通楊樹，而那棵細的卻是紅松，現在你會砍哪一棵？」大家改口說：「當然砍紅松了，楊樹又不值錢！」教授微笑再問：「如果楊樹是筆直的，而紅松卻七歪八扭，你們會砍哪一棵？」大家有些疑惑，說：「這樣的話，還是砍楊樹吧。紅松彎彎曲曲的，什麼

都做不了！」教授不容喘息又問：「可是楊樹之上有個鳥巢，幾隻幼鳥正躲在巢中……」終於，有人問：「教授，您到底想告訴我們什麼？測試些什麼呢？」教授收起笑容，說：「你們怎麼沒人問問自己，到底為什麼砍樹呢？雖然我的條件不斷變化，可是最終結果取決於你們最初的動機。如果想取柴，你就砍楊樹；想做工藝品，就砍紅松。你們當然不會無緣無故提着斧頭上山砍樹吧！」

一個人只要心中先有了目標，做事的時候才不會被各種條件和現象迷惑。很多人本來想追求圓滿人生，中途又被誘惑去追求別的，這樣很悲哀吧！尤其是信徒在決志後，更應堅守信念，即使環境如何轉變，也不改初衷。《抱朴子》曰：「雖見指笑，余亦不理也。」我們身邊總會有人指指點點，如果每天都追隨人家主意生活，只會疲於奔命。堅守夢想是一種品質，可貴的品質！我們有堅持過嗎？

為什麼改變自己是十分困難的？

大部分人都知道，想打破困局就必須作出改變。這句話說來容易，但真正要自己做不願意的事情，或捨棄舊有的思維和已有的成果時，便顯得困難重重了。正如很多政客競選時都提出「改變」為口號，最後大多因循守舊，令人失望。人生亦如是，要改變自己的習慣和個性，提起勇氣突破，做自己不敢做的事情是談何容易呢！

有一個故事是這樣的：上帝創造人類後，猴子也表示想變成人。上帝告訴猴子，要變成人類便要砍掉尾巴。猴子卻困惑於三件事，遂問上帝：「砍尾巴的時候會很痛嗎？」上帝回答：「要改變便一定有痛苦。」又問：「砍了後身體還能保持靈活嗎？」答：「要改變便會有風險。」再問：「我活了這麼久，一直以來都和尾巴一起，這麼多年了，實在不忍拋棄。怎辦？」上帝答：「改變了，在情感上總會有點難受。」最終

猴子放棄了，所以今天的猴子也沒有變成人。

《道德經》曰：「為道日損。」又曰：「既以為人己愈有，既以與人己愈多。」要減損了、損失了、與人分享、無私奉獻才會有所得，才會更豐盛。要成就人生便要學懂吃虧和捨棄，不能固執不變。雖然我們習慣了舊模樣，改變可能會帶來一點痛苦，但我們必須知道，如果不改變，我們可能會痛苦一輩子。人生，不要只考慮不勞而獲，不如先改變自己，這才會改變命運，提升自己到另一階段吧。

如何用心做好工作？

大家都知道，要做好工作，不外乎是遵從用心、專注、勤力、謹慎等原則，但問題是如何能在每項任務中都保持這份熱誠？想做好每一份工作，必須將工作看成是自己生命的一部分，每一件事都既是為社會大眾，亦是為自己去做的；並要堅持這種信念，一直維持到最後。

一位木匠工作很久了，年老時他告訴老闆想提早退休，然後與家人享受自在的生活。老闆捨不得木匠離去，希望他在離開前可以再蓋一棟房子，並特別提點木匠要盡心盡力，最好把它當成是自己夢寐以求的房子一樣對待。木匠答應了，但他想到自己快要退休，也不願意花太多心力蓋什麼房子，於是草草的用了較劣質的技術和材料把這間房子蓋好。當然，用這種方式來結束事業生涯，實在有點不妥，但他已喪失了鬥志，一心只想着盡早休息。落成後，老闆親臨恭喜他，然後把大門的鑰匙交給木匠，說：「這間就是你的房子了，這是我送給你最後的禮物！希望你喜歡！」木匠很驚訝，隨即感到很丟臉！如果一早知道這間房子是屬於自己的，他一定會用最好的材料，和用最精緻的技術把它蓋好。不過，現在他卻因為草率，要住在連自己也不滿意的房子裏面。

這就好像我們，總是漫不經心地生活，總是等待反應而不主動做好，最後做出來的事情當然不太如意。如果我們把每次工作都看成是最初第一件工作，不改「初心」，用心去做，如《道德經》曰：「慎終如始，則無敗事。」把工作看成是自己生命一樣，尊重和用心對待，不會因為任何緣故而找一次藉口做得不好。每次皆以毅力和耐心一點一滴去完成，這樣又怎會容易功虧一簣？而我們對待自己的人生和修行又何嘗不是需要這份「不改初心」的態度？

可以迷信運氣嗎？

人們常說的「命運」，其實包含了「命」和「運」兩個主要元素。控制我們命和運的最大力量是業力，這又牽涉我們多生以來身、口、意積累的善業和惡業。由於包含了太多因素，而我們一念之間也可能影響命運，所以沒有人的命運是一成不變的，好運不會一直走，惡運也不會無休止。如果我們迷信運氣，這是不切實際的，尤其當我們做了壞事而又僥倖平安時，千萬不要以為運氣好而繼續錯下去。

很久以前，山上一隻老虎有一個奇怪的習慣，就是喜歡把山中珍寶帶回洞穴中藏起來。某天老虎剛巧出外，一位樵夫路過洞穴時發現珍寶後欣喜若狂，以為好運終於降臨到自己身上！於是他每隔一段時間便去拿一點，而老虎也開始發現珍寶愈來愈少了。樵夫自從獲得巨富後，便以為自己走入大運，可以安心享用這些不勞而獲之財。從此他不再入山伐木，每天吃飽便睡，睡醒又吃。當財富用畢後便又去洞穴拿珍寶。有朋友知道後勸告樵夫，不要迷信運氣，恐怕不是每次都這麼好運，可是樵夫每次總會回應：「拿多一次就可以了！」終於某次再入山盜寶時，老虎提早返穴，與樵夫迎頭相遇，這次真的難逃一劫了。

以上是名副其實的「上得山多終遇虎」故事。做了一次壞事而又運氣好時，不要以為可以逍遙法外。《道德經》曰：「天網恢恢，疏而不失。」大道無邊，但從不會有一點遺漏，作業者自有因緣報應。你做壞事愈多便愈大膽，一次好運二次好運便以為之後繼續好運，總有一天運氣過了便會給人逮着，所受的報應亦會倍增。

因果・業報

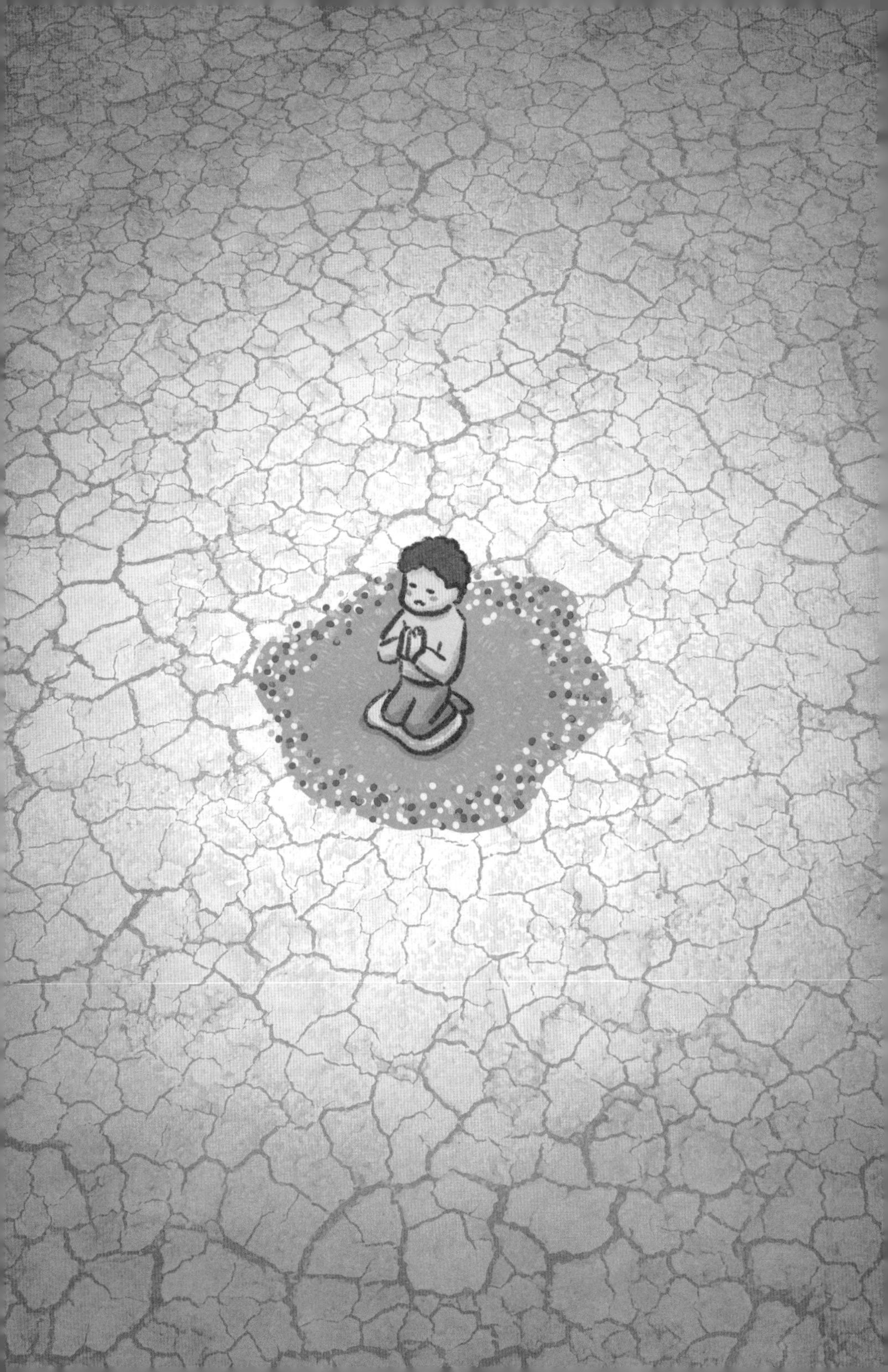

何謂「作惡反害己」？

《道德經》曰：「兵者，不祥之器。」害人、傷人的東西，即使是一個心念，也會帶來不祥，最後受害的反而是自己。修行人最擔心的是「火燒功德林」，隨時因為自己一個怨念或嗔恨心，蒙蔽了理智，把好不容易積累的功德和福報，燃燒殆盡；以為是很小的惡行，反而害了自己一生的善業！以下故事或可得到啟發：

有一位婦女，每天都在窗台上留下一塊烙餅，讓過路的窮人自取，希望多積福報。一位駝背的老修士經常走過取走，但從沒表示感謝，還哼着：「作惡反害己，行善自得益。」日復一日，婦女對老修士開始煩厭，只想徹底收拾他。她故意在麵團裏揉進毒藥，一如既往將烙餅放在窗台上。當放好，她心裏驀然想起：「這麼多年的善功，恐怕要毀於一旦了！我成為了殺人兇手！」愈想愈覺得恐怖，於是立即將毒餅換

回正常的。不久，老修士出現，仍是哼着那句話並取走烙餅。另一方面，這位婦女有一個心結，其兒子出外做生意，音信全無，為此天天祈禱。就在那天傍晚，兒子突然回家。聽他訴說，因生意失敗，連吃飯的錢都沒有，只能徒步回家。走了數日終於不支倒地，一位駝背的老修士給他送來一塊烙餅，味道十分熟悉。修士說：「有位善良的婦女每天都施捨一塊烙餅給我，今天輪到你吃吧。」婦女聽罷，突然心血上湧，幸虧當時懺悔了錯誤，否則受害人必定是自己兒子！

心生怨恨，輕則惡口傷人，重則損人性命。尤其是修行者，怨恨心會斷送與眾生之間的善緣。有大福報的人，亦會因為一個惡念，而種下惡業，最後必定報應臨身。千萬不要以為自己的惡行沒人知曉，上天已有記錄，時辰一到便需承受惡報。

為什麼有些人做了不少善行仍會遭到惡運？

《道德經》曰：「夷道若纇。」那就是說，平坦的道路好像總有崎嶇曲折。即使是圓滿的人生，也是從有所缺失、有所不平的道路走過來的。無論我們早晚拜神或唸經，人的命運總有順逆，加上宿世冤家債主眾多，總會面對災厄。假如我們愈修行愈倒霉時，那不是上天在作弄你，而是你的宿業未清除吧。以下故事或可得到啟發：

某天一位年輕人到壇堂，向師父抱怨：「近年我又唸經，又放生、印經，參加公益活動，為什麼工作和生活還是不順呢？是我拜錯神嗎？」突然，師父從口袋裏拿出一百元遞給年輕人，說：「你先用這一百元，幫我維修這個殿堂。」年輕人驚訝地問：「說笑吧，這一百元怎麼夠維修呢？」師父說：「那你近年的發心和幾次善舉，又怎能消除宿世的罪業呢？」年輕人再問：「不是拜了神、唸了經，便會好運嗎？」師父再

說：「你多生多世的宿業，猶如積在身上幾十年的頑垢，是沐浴幾天便可去除的嗎？唸經，的確可增加福慧，但需持之以恆，以及配合善功、靜定、戒行等才可。」年輕人會意，並對自己微不足道的善功感到羞愧。

誦經、懺悔猶如強力清潔劑，我們需要每天「使用」，洗滌身心。善功猶如資糧，需要不斷累積。當人行霉運時，這或是宿世因果、承負之緣由，需警醒自己要更加努力「沖刷」。不要遇到一兩次逆境便對信仰懷疑，而應慚愧自己的福德仍未足夠。

福報會用盡嗎？

福報，猶如資糧，吃了一點就少一點。若祖上留下大福報，幾代的後人也可以享福。不過，福報總有耗盡的一天。因此要知道積穀防饑，預早播種及施肥，如《太上感應篇》云：「吉人語善、視善、行善，一日有三善，三年天必降之福。」堅持每天說善語而不惡口，看善書而內視反省，苦己而助人，必可積福累德。相反，不努力修行而只懂享受物欲，接受虛榮，福報只會加快消耗。以下一則故事或可得到啟發：

滄州人劉熥的母親，生於康熙三十一年，到了乾隆五十七年已經一百零一歲，身體還很健康，胃口也好。乾隆曾多次施恩發出詔書，當地的差吏欲為她向官府申請，領取敬老的糧食和布匹，但她都辭謝了。後來，差吏又想為她申報建牌坊表彰，她也堅決拒絕，不肯接受。有人問她拒絕的原因，她感慨地說：「我是窮等人家的寡婦，命運不好。

正因為我經歷了艱難和困苦，得到上天的憐憫，才享高壽。一旦貪求非分的福氣，死亡的日子便會來了！」

中國人深信，無功不可受祿，平白無故接受好處，這是要折福的。福一旦折了，苦難便會隨之而來，所以我們不可隨便接受供養和虛榮。而在享福的過程中，如果我們沒有繼續做更多善業，沒有積累功德，福德資糧終會耗盡，禍患便會緊隨，猶如《道德經》的「福兮禍之所伏」，禍總是潛伏在福之後，所以我們豈能怠惰及鬆懈！

為何「自作孽，不可逭」？

原文出自《尚書》：「天作孽，猶可違；自作孽，不可逭。」意思指上天降下的災害，我們或者可以避開；但自己造成的罪孽，則必定招致報應。自己做的錯事，始終都由自己承擔。以下故事或可得到啟發：

清初有一富家子弟，因受損友引誘，沉醉於聲色犬馬，沒幾年便耗盡家財，得病早逝。臨終前他向妻子哭訴：「我受損友及女子迷惑，淪喪至此，到了陰間一定告狀！」過了半年，示夢對妻子說：「我沒有勝訴，冥官表示花間女子早已拋棄廉恥，依靠聲色之事來謀生。她們誘人謀財，如虎豹吃人、巨鯨吞船；但人不入山及航海，虎豹及巨鯨又怎能害人？只能怪自己去親近她們，一切都是咎由自取。至於那些損友明顯設陷阱害人，好比懸餌釣魚，魚不上鈎絕不罷休。因此，陽間

有明確的刑律，而陰間有報應，那些人想逃也逃不掉。」

我們做錯事不可全部推諉於人，古人每日「三省吾身」，就是要反思自己有否做得不足或做錯了事，而不是每天在數算人家的不是。待災禍臨頭，無論我們百般辯解，罪孽也不會脫身，都是自作自受。

何謂三世因果？

三世即指前世造因，今世受果；今世造因，來世受果。《玄天上帝金科玉律》有云：「欲知前世因果，今生受者之身；欲知後世因果，今生作者之心。」不少人看到為善不倦者貧賤多病，罪重者偏偏富貴雙全，遂謂沒有因果，殊不知三世因果之理，不能只看當前表象。以下故事或可得到啟發：

清初有一位王玉，善於射獵。某夜遇見一隻黑狐像人一樣站立向月禮拜，他便拉弓射殺。回家後王玉大病，晚上屋外傳出哭聲：「我在拜月修煉，對你有何妨害！今無故殺我，我必報恨！你現在仍有福德，未至衰亡，我要向司命之神申訴！」幾天後，窗外有聲：「王玉！我昨天去地府告狀，冥官翻查簿冊，才知道你曾含冤申訴。當時我是刑官，暗中包庇自己人，使你有理難申，抑鬱自盡。今世我墜入畜道為狐，這一箭是我的報應，因果分明，我不再怨你！只是前世我曾嚴刑拷打你，尚欠一百多鞭之報。希望你能慈悲，發願免償，那麼陰司就會註銷記錄，我來生必定報謝！」說完，門外傳來叩頭聲。王玉譴責：「今生的債我們尚且理不清，誰能夠討前生的債呢！妖鬼速去，以後不要再打擾我睡眠了！」聲音遂止。

《呂祖說三世因果經》提到：「世人急須早看破，莫教來世結冤親。」我們需努力懺悔及積極向善，以祈廣結善緣。尤其怨懟報仇，宜解不宜結，否則多世牽纏，永難釋懷。若要今生及來世具備福德，從今便要廣種福田，積善戒惡；也要對多生及今生之惡業懺罪，以消災劫，也可留福於後人。

什麼是冤親債主？

冤親債主是指宿世以來我們所積欠的債。當我們元神較弱或不順遂時，冤親債主便會來討債。最明顯的便是莫名的病痛。唐代藥王孫思邈著《福壽論》云：「夫人之死，非因依也，非痾瘵也，蓋以積之不仁之多，造不善之廣，神而追之則矣。」人的生死未必全關乎疾病，更多的是自己的冤業。以下故事或可得到啟發：

清初，有一世家大族的兒子得到重病，名醫葉天士診斷後說：「脈現鬼證，非藥石所能療也。」一家人便虔請道教法師建壇打醮。至半夜，陰風颯颯，壇上燭光變成綠色，法師閉目凝神，隨即急步離場，說：「我的法術可以祛除妖邪，但前世結下的冤親債主，縱然我有懺悔滅罪之法，也要視乎冤者本身是否接受。如果關乎人倫綱紀，事情觸犯天條，再上章祈福也是徒然。再者，今世父親給你遺下一個幼弟，兄長遺下兩個孤苦無依的侄子，你不但不加以照顧，更蠶食鯨吞他們的財產，以至他們飢飽冷暖，無處去說；疾病痛痒，任他們呼號。你父親向陰府訴訟，冥官已發出牒文，讓你兒子償還冤仇。」又云：「吾雖有術，只能為人袪鬼，不能為子驅父也。」果然其子不久即離世，後來終沒子女，只能以侄子作為後嗣。

醫生只能以醫術治病，但不能解夙世孽緣。道教信仰重視積善懺罪，但最終是否解結也要視乎冤親債主。這個世間任何人都有一大堆冤親債主，無論前世今生，我們都需要化解，每天將自己修行的功德迴向給他們，自利利他。凡是我們傷害過的人，我們要真誠懺悔並發願永不再犯，否則生生世世也會糾纏不清，影響自己及後人，這就是道教所講的因果承負。

有富貴命的人也會折福嗎？

《太上感應篇》云：「凶人語惡、視惡、行惡，一日有三惡，三年天必降之禍。」中國人雖然深信前世宿命影響今生福緣，但更相信今生所作所為，在因果承負下必然影響命運之發展。若人每天都在說惡言、做惡事、令人受苦，衰運必緊隨其後。縱然是富貴命，也會因為業力而折福，「資糧」耗盡便破敗。以下事例或可得到啟發：

清初有一位著名術士虞春潭，推算命運多半靈驗。某天漫遊襄陽、漢口一帶，與一位讀書人同坐一船，期間大家言談甚歡。隔了數天，虞奇怪那讀書人可以不睡不吃，於是某夜悄悄問他。讀書人說：「不用怕，我並非妖怪，而是文昌帝君下面管理祿位的神官，現往南嶽辦事。因為與你有緣，所以能聚在一起盤桓幾天。」虞隨即將多年解不開的難題請教他：「我學習命相多年，閱人無數，惟獨推算某人應當大

貴而沒有應驗，故一直很納悶。」讀書人問明姓名及籍貫，道：「這人是富貴命，但因熱衷名利，已被上天削去福分。」虞奇怪：「熱衷名利乃人之常情，何以罰？」答：「太過熱衷名利，凶險者會依仗權力爭鬥，膽小者則以陰險之術鞏固其位。當中互為排擠、爭奪、結黨、流言等，惡業充盈！這人正是如此，上天不止奪其祿，更要奪壽！」虞緊記其言。兩年後，那人果然暴斃。

道教強調「我命在我不在天」，人人都可以透過修行改變命運。惟修善因可得善果，作惡因亦可招惡果。縱然天生富貴命，上天亦一視同仁，即如經云：「禍福無門，惟人自召；善惡之報，如影隨形。」我們怎可以不慎？

什麼是因果承負？

道教講究因果承負。因，指原因；果，指結果。善惡報應如影隨形，人的言行與思想總要造成一定的結果，受到一定的報或償。承，是承受；負，是負累。前人有過失而負累後人，後人無辜承受前人的過失；若前人有大功德，則後人亦會受惠。以下故事或可得到啟發：

河北南皮有一位專治瘡瘍的醫師，醫術高明，但有時會暗地裏施加毒藥，令病人不能完全康復，藉此勒索錢財。曾經有傷者未能答應他的要求，終致失救。因為他的手段詭詐隱秘，別的醫師都不能解救病人。某天，他的兒子突然遭雷電擊斃。自此以後，雖然這位醫師仍然在世，但再也沒有人敢找他療傷。有人說，這人行事卑鄙，為何上天不直接懲罰他，反而殺了他兒子？這不是失當嗎？清代紀曉嵐評論：

「夫罪不至極，刑不及孥；惡不至極，殃不及世。殛其子，所以明禍延後嗣也。」罪孽沒有達到極點，刑罰不會加諸妻兒；作惡沒有達到頂端，禍殃不會連累後世。雷擊其子，即是災禍已延伸到他的後代了。

因果承負之說自古有之，中國人一直深信不疑及警醒自己。《易經》有云：「積善之家，必有餘慶；積不善之家，必有餘殃。」積累善行和善德，必定留有福報，若惡行昭彰，天理難容，則自會累及妻兒和後代，所以我們怎可不戒慎？

戒惡・勸善

「慎言」有何重要？

《道德經》曰：「多言數窮」。說太多無謂的話只會令自己闖禍。有時候聊天，說話多了便漫無邊際，或會搬弄是非，甚至把自己和人家的秘密也暴露出來，招惹事端。很多麻煩事都是由我們一時失言而起，學懂「慎言」，便是懂得控制自己的說話，不致種下更多惡業。以下的寓言故事或可得到啟發：

森林裏，狐狸對刺蝟的美味垂涎已久，無奈刺蝟一身硬刺，狐狸不能靠近。刺蝟和野兔是好朋友，野兔為躲避危險經常拼命奔逃。某天，刺蝟和野兔聊天，野兔羨慕說：「你這身鎧甲真好，狐狸不能傷害你，那像我腿都要跑斷了。」刺蝟經不住野兔的吹捧，忍不住說：「其實這身鎧甲也不是銅牆鐵壁……你一定要幫我保守秘密！否則我就完了。」野兔十分驚訝，但也信誓旦旦答應了。沒過多久，野兔不幸遭狐狸逮住，牠想到了刺蝟的秘密，便對狐狸說：「我知道你很想吃刺蝟，若你放了我，我就把方法告訴你。」狐狸果然放開了野兔。結果，刺蝟被狐狸咬住了柔軟的腹部，刺蝟在絶望中吶喊：「野兔為什麼要出賣我？」但悔之晚矣。

每個人都有自己的弱點或隱痛，關係到自己的生活甚至生命，如果連自己保守秘密都做不到，又怎麼要求別人替你保守秘密呢？俗語說：言多必失，多言多敗。切記慎言，無謂因為一句說話而令自己身陷煩惱、勞心傷神。

暗中做壞事真的沒人知道嗎？

《太上感應篇》云：「天地有司過之神，依人所犯輕重，以奪人算。」冥冥中自有神明監察，我們絕不能自欺欺人。今生沒人知曉的壞事，死入地獄時便無所遁形。中國人深信，人死後如非大善人，便會進入第一殿接受秦廣王審判。那時方知：「萬兩黃金帶不來，一生惟有孽隨身。」犯人要照過孽鏡臺，然後便批解第二殿用刑受苦。以下故事或可得到借鑒：

有一個人叫朱介如，他曾因中暑而不自覺入了陰間，並遇上了死去的朋友張恒照。後來，他看到了閻王審判犯人，其中一個亡魂不服罪，大殿隨即出現一塊圓鏡子，鏡子裏顯現出一個女子遭男人抽打，犯人立即痛哭認罪。這時，朱介如問：「那個大圓鏡就是孽鏡嗎？」張恒照回答：「人鏡照形，神鏡照心。人作一事，心皆自知……心無是事，即

無是象耳。冥司斷獄，惟以有心無心別善惡，君其識之。」即人做一事，心皆自知，並心存此事之影像，所以一照就能顯露出來，這是抵賴不過去的。張恒照講完了這些話後，朱介如一下子就驚醒過來。

人乃靈性之物，自己一生的影像盡攝於心；而孽鏡乃是天地靈氣所聚而成，凡亡魂到此，即可照耀其本來面目。《道德經》曰：「天網恢恢，疏而不失。」大道廣大無邊，但一切都無所遁形，就是這個道理。我們做的任何壞事，其實早印在心裏。除非誠心懺悔及改過遷善，否則永遠抹不了；而且天司早已記錄，孽鏡臺前亦將難以隱瞞！

修善可以改變命運嗎？

《太上感應篇》云：「吉人語善、視善、行善，一日有三善，三年天必降之福。」就是說，只要我們常懷善念，說話、眼神、待人都是慈悲祥和，上天必然會降福。即使命運多蹇，我們亦可透過修善積德來改變命運。以下故事，或可得到啟發：

明朝江陰人氏張畏岩，甲午年南京鄉試放榜，名落孫山，他大罵考官瞎眼。當時有道人在旁微笑，說：「相公的文章做得不好。」張怒叱他：「你怎知道呢？」道人說：「寫文章貴在心氣平和，現在你滿腹牢騷，心氣不平，文章怎會寫得好呢？」張覺得有道理，就向他請教。道人說：「考中功名要靠命，你今後需要轉變。」張問：「命運怎樣能變？」道人說：「造命在天，立命在我；只要盡力行善，多積陰德，沒福不可求！」張說：「我是窮書生，可以做什麼？」道人說：「善從

心起，常存善心，功德無量。即如待人謙虛，便不用花錢。」張自此戒除習氣，天天修善積德。到了丁酉年，有一天他在夢中看到一本考試名冊，中間有許多缺漏。忽聞：「上天對投考者，每三年考查一次功過。命中有功名而犯有重大過失者，名字也必去除！」又說：「你三年來，戒惡遷善，或可補上這個空缺，希望你繼續珍重自愛！」果然張畏岩就在這次考試，考中了第一百零五名。

心中祥和，讀書也會事半功倍；若能培養道德正氣，修己助人，上天亦必會護持善人。自古以來讀書人最着重個人道德，知識當然可以改變人生，但修身立德才真正徹底改變命運，而且貫穿三世因果。上天不會因為我們的學識而特別看顧，只會降福予修善之人！

什麼都不做是否就沒有錯？

有說：「不做不錯」。或曰：「少做少錯」。做人做事只要完成本分，沒有人會說我們不好。但除此之外，我們面對應該做的事卻避而不見，或怕麻煩而不做，惟恐要承擔責任，這樣又是否問心無愧呢？清代紀曉嵐記錄了以下故事，或可得到啟發：

北村鄭蘇仙，某天做夢去到陰間，聽聞閻王審判之事。一位身穿官服的人昂然進入大殿，自稱做官以來，所到之處只喝一杯清茶，沒有任何沾染。即使在鬼神面前，也毫無愧色！閻王付之一笑，說道：「朝廷設置官員，本是為了治理地方，安撫百姓。小至管理驛站和水閘的官員，都有興利除弊的職責。如果認為不貪財納賄，不吃喝玩樂就是好官，那麼在公堂上設置一具木偶，它連清水都不用喝，豈不更勝一籌。」官員爭辯說：「我雖沒有功勞，但也沒有什麼過錯呀！」閻王

說：「你一生處處力求自保。像某獄某獄，為了避免嫌疑，不敢仗義執言；又如某事某事，害怕勞累繁重，便不肯辦理。試問你的政績在哪裏？要知道，無功便是過啊！」

人生在世，一言一行都是在修行，上天都會一一記錄。那怕內心深處只有一點雜念，都能被鬼神看穿。即使不是惡人，一念之私，也免不了受到責備，而且不用等到百年之後，我們的良心在事情當下也不好過吧。

什麼是「禍從口出」？

「禍從口出」即是說話不謹慎而招致禍患。道教最防口業，《太上感應篇》就有「不彰人短、不炫己長」，告誡不要「造作惡語、讒毀平人」等教導。《道德經》曰：「豫兮若冬涉川。」待人處事都需謙恭謹慎，不要肆意妄進，就像冬天履冰過河一樣，不可輕忽。以下是朋友的小經歷，或可得到啟發：

某天，朋友將車停泊在老樹下，開車時恰好有一枯枝斷裂掉落在引擎蓋上。他一時心懶，不想下車拿開，便讓它在行車時自動抖落。沒想到，隨之而來的便是極細的洩氣聲。趁着車輪還有氣的時候，他趕快開去車行。車行技術員告訴他，輪胎被一根小刺刺破了，還特別把小刺拿給他看，小小不起眼的一根刺，恰恰就刺入了輪胎最薄的部分。車行表示，那個部分無法修補，因為在胎壁最薄的地方，補了也承受

不了胎內的高壓，反而有爆胎的危險，所以只好整個輪胎換掉。

小刺可以毀了一個厚重的輪胎，若我們把這根小刺放在心頭，即使再深厚的情誼，也會有動搖的時候。言語中的小刺看似無關緊要，實則不可輕視。與人來往，最好能除盡言語中輕忽之處。車輪可以換一個，朋友當然也可以再交往，但有些感情是永遠無法追回的。

如何可以「行時時之方便」？

「方便」即是便利人的事，這句說話出自道教《文昌帝君陰騭文》：「行時時之方便，作種種之陰功」。意思是時常給予眾人所需的幫助，廣作種種不求名利的善事。「時時」是任何時候都存着善心行事，簡單如順手拿一杯水給口渴的人，都是利益別人的事。很小的言語及動作都可以利人，只要持之以恆，必獲福報。以下事例或可得到啟發：

朋友居住在外地一個偏僻的小鎮，某天要與年老的母親一起回港。大清早，兩人把兩個大行李箱放在幾乎無人通過的路邊，坐在箱子上等待出租車。因為地點偏遠，出租車不會經常往來，兩人只能在路邊等着。過了廿分鐘，從相反車道過來一輛出租車，朋友立即起身招手，可是車內已經有乘客了，他只能看着出租車緩緩駛去。然而，那輛

車駛了三十米左右就停住了，裏面的乘客正在下車。「啊，真幸運，那人在這裏下車呀。」朋友迅速上車，並向接載他們的司機道謝。司機聳聳肩膀說：「你們應該感謝的是那位老先生，是他特意為你們早下車的。他看到你們這麼早便拿着行李箱站在路邊，猜想你們要趕去機場。他說反正沒什麼急事，就提早在這裏下車，所以你們不用感謝我了。」

助人不只是幫助貧困的人，也是幫助有需要的人，因應別人的需求提供協助。上文的老先生並不認識我的朋友，卻能為對方設想，寧可自己多走一點路，方便他人，不求回報，這就是「行時時之方便」的精神。

什麼是「人師」？

古語有云：「經師易遇，人師難遭。」什麼是「經師」，什麼是「人師」呢？能教授各種各樣知識學問的，就是「經師」，就像今日的中小學及大學老師，以傳播知識為主。而用自己的行為、品性、言語影響學生，有道德有品性，值得人一輩子效法的，就是「人師」。以下典故或可得到啟發：

王靈官是道教的護法神，原名王惡，乃湘陰之廟神。因善信以生人祭祀之，為北宋第三十代天師虛靖真人的弟子薩守堅，飛符火焚廟宇，將王惡燒成火眼金睛。王惡不服，奏告於天庭。玉帝即賜慧眼及金鞭，准其暗中跟隨薩真人，察有過錯，即可報復前仇。十二年間，王惡以慧眼觀察無遺，竟無過錯可歸咎於薩真人。後至閩中，王惡誠心拜薩真人為師，誓佐行持。薩真人乃以「善」易其名，改王惡為王善，

並且奏告天庭，錄為雷部眾神之一，成為道教普遍供奉的護法神。

薩真人是一位令人尊敬的人師，十二年間正直行事，未嘗犯禁。修行人最難求的是「人師」，若只是學習宗教學問，大可到學府裏跟隨「經師」；若是尋求以生命影響生命，以德行及學養化育的「人師」，這是可遇而不可求的。

金錢能買到快樂嗎？

每年全球選出最快樂的地方，香港一定排名近尾。大家都知道，快樂不一定是來自物質社會的豐盛，也牽涉到政治、經濟、民生、環保、宗教等因素。快樂的因素很多，金錢和經濟只是其中一部分，富有的人也不一定感到快樂。以下故事或可啟發一二：

一位富商的夫人去看心理醫生，她對醫生說自己不快樂，生活空虛無聊。醫生聽完後，叫了一位負責清潔的老婦人過去。醫生對貴婦說：「不如讓這位婆婆告訴你，她是如何找到幸福的吧。」老婦人放下手上的掃帚，坐在椅子上講起她的故事：「我先生早年得瘧疾死了，三個月後唯一的兒子也被車撞死。我沒有親人，一無所有，當時睡不着也吃不下，甚至想結束自己的生命。一天晚上下班回家，有一隻小貓跟着我，外面那麼冷，我有點可憐牠，就讓牠進了屋，還給牠東西吃，牠把盤子都舔乾淨，挨近我的腿滿意地叫着。幾個月來，我第一次笑了，然後我就想，幫到一隻小貓便讓我高興，如果為其他人做事應該會讓我更開懷吧。第二天我烤了燒餅，帶給臥病在床的鄰居。由此我每天都努力為別人做些好事，看到他們高興，我也很高興。通過給予他人，我尋回了幸福的感覺。」聽到這裏，貴婦十分感動：「原來我一直失去了金錢買不到的東西！」

《道德經》指出的「既以與人己愈多」，就是同樣的道理。常與人分享，自己的生活反而更豐盛，「濟世」和「度人」一直是道門主要的修行方法，能以無私、包容的心助人度人，便能接近大道。上文提到的老婦人，透過助人尋回幸福的感覺。試想，有能力帶給別人幸福的人，自己又怎麼可能不幸福呢？

怎樣的善心才最難得？

最難得的善心就如道教《度人經》所言：「齊同慈愛，異骨成親。」無論是否與自己相識，只要有人需要濟助，我們都要義不容辭去協助。《道德經》亦說：「報怨以德。」即使是自己的仇人，也要用道德和愛心化解仇恨。世間有福之人之所以有福，是因為他們懂得將福分無私傳給大家，不計較個人利欲。以下事例或可得到啟發：

朋友說起一件事，昔日父親每次收完農作物後，總會在地上留下一些枯乾的稻穀。最初他以為父親不小心遺漏，便提醒父親。父親卻說：「就讓它們留在那兒吧！」後來，他才明白那些稻穀是特意為雀鳥留下的，好讓牠們可以安全過冬。父親善於種植，稻米多年來都是大豐收。有一年，鄰縣的糧食失收，很多人都要外出謀生。那段時間，父親總會在院子外面掛一個竹籃，裏面放着饅頭，有時是幾個馬鈴薯。

朋友又問：「把食物放到外面，不怕別人偷了去嗎？」父親搖搖頭，說：「這是為了能讓過路的外鄉人填肚。如果能吃飽，誰又願意離鄉別井呢？」有一次，朋友透過窗户看到一個衣衫襤褸的路人拿走了籃子裏的饅頭，狼吞虎咽吃完後，朝着房子恭恭敬敬地鞠了一個躬。父親教導他：「人要活得善良一點、大方一點。假如人生有三碗飯，一碗自己吃，一碗給家人親友吃，剩下的那一碗要分給那些與你毫不相關而有需要的路人吃。」

以上的「三碗飯」不僅是出於善良和愛心，更是一種人生境界。《道德經》曰：「有德司契，無德司徹。」有德之人猶如持着借據的存根，但不會索取償還；無德的人則像掌管稅收的酷吏，不斷向人苛索。幫人而不問回報，也不管他是否與自己有緣，這是一種修行，也是積陰德，是一種道德境界。

助人也是助己嗎？

《道德經》曰：「既以為人己愈有，既以與人己愈多。」幫到別人，自己反而更滿足；懂得與人分享，自己得着更豐富。所謂幫人，其實也是幫了自己，令自己的福德增長，廣結善緣。若然事事計較，以自己利益為依歸，這樣只會把自己孤立。以下事例或可得到啟發：

朋友做生意發了財，在內地郊區買了地，並建了一棟三層的別墅，他還在香港邀請一位著名風水師前往內地看風水。某天朋友開車載大師前往郊區，一路上如果後方有車要超前，朋友都會避讓。大師笑稱朋友開車很穩當，朋友卻說：「要超車的多半有急事，不能耽誤他們。」到了小鎮，朋友放慢車速，一名小孩從巷子裏衝出來，朋友一腳煞車便避開了。小孩笑嘻嘻的跑過去後，朋友沒有踩油門，並看着巷口似

乎在等什麼。片刻又有一名小孩走了出來，追趕先前那名小孩遠去。大師驚訝問：「你怎會知道後頭還有小孩呢？」朋友道：「小孩子都愛追追打打，光是一個人可不會笑得這麼開心。」到了別墅，剛下車，後院突然有七八隻雀鳥飛出來。朋友向大師說：「麻煩在門口等一會，後院應該有小孩在偷摘荔枝。我們現在進去，小孩會驚慌，萬一摔下來就不好了。」大師默然片刻：「你這房子的風水不用細看了。」朋友着急道：「對不起，是我為難了大師嗎？」大師表示：「穴本天成，福由心造。大善人在的地方，都是風水吉地呀！」

好的風水地不是人力可造的，福德卻可修善而得。《易經．坤．文言》曰：「積善之家，必有餘慶。」慶是「福」之意，積累善行和善德的家族，這個家族的福報是不會斷絕的，而家族的後代也能承受福報。助人不但助己，積功累德更會福澤後代，這也是道教因果承負之理。

如果人家不喜歡自己，怎辦？

生命中總會遇到不喜歡自己的人，或許是因為自己有所缺陷，或不小心開罪了別人，有時甚至沒有特別原因。有人會喜歡你，也有人會討厭你。當然，如果是整個圈子的人都不喜歡你，那麼我們更應反思出現了什麼問題，千萬不要只是逃避，或以為轉換另一個地方就可以解決問題。

從前有一隻烏鴉從一個地方飛往另一個地方，途中遇到喜鵲。喜鵲問牠：「烏鴉，你為什麼要飛到另外的地方去呢？」烏鴉答：「以前那個地方的人很討厭，他們常常批評我、誹謗我，又嫌我的聲線不好聽。我不要留在那裏了，我要換一個地方！」喜鵲聽了就說：「烏鴉，你還是回到原來的地方吧，不必飛到另外的地方去了。如果你的聲線不改，即使飛到天涯海角，天下的人都不會喜歡你的。」

這個故事帶出了兩個反思：第一，若一個人的壞習慣不改，又不檢討自己及改變態度，即使走到哪裏也是一樣結果。第二，烏鴉的叫聲是與生俱來的，牠其實沒有改變聲音的能力，這寓意我們反省過後，當有問題不能解決時，唯一可以改變的只有自己的心態，調適個人態度與大家和諧相處，並嘗試令大家看到自己更多的優點和友善的一面。如果只選擇逃避問題，人生便會變得痛苦，走到哪裏也感到沒人喜歡自己吧。猶如《道德經》開示：「其出彌遠，其知彌少。」愈往外走只會令自己愈迷惘，不如反照自己，看看自己的問題所在吧。

修善最難的地方是什麼？

行善的涵義很廣，一句簡單慰問，一次讓座，以及將全部身家捐出都是行善。凡是按自己良心行事，推廣善念也是修行。不過，路不拾遺、仗義助人、關心問候等等都是人之所以為人應有的德行，有些人認為自己一生沒殺人、沒偷竊犯案、沒有包二奶、沒犯詐騙案及沒耽酒就是守五戒，以為自己一生行善了。其實，那只是人之基本操守，根本不值一談。那麼，修善之中最難是什麼呢？

古時一位老人家為了讓三位兒子經歷人世磨練，要求他們出門三個月，然後回家報告一件最有意義的德行。三個月後大家都準時回來，大兒子沾沾自喜說：「某天有人讓我看管一袋珠寶，我沒有趁他走開時拿取一兩粒寶石，全數歸還給他。」次子接着說：「某天我救了一個失足溺水的小孩，他家人要送我厚禮，我沒有接受。」最後，最小的兒

子說：「某天我遇到一個病人昏倒在路邊，我上前一看才發現他是我最痛恨的人，我大半生都被他戲弄呢！但我沒有暗裏害他，反而救醒了他及送他回家。」老人家稱讚道：「你兩位哥哥都是做良心事，但你以德報怨，是最難能可貴的！」

做該做的事只是不昧良心，但做到原來不易做到的事，這才彰顯善德的光芒。《道德經》曰：「報怨以德」。主動以善德對待怨恨，不計前嫌，彼此相化無事，冤家債主才會消除，這是修善之中最難的地方。誠然，要無私奉獻、苦己利人等都不容易做到，但寬恕仇敵，甚至愛自己的敵人，這更彰顯人性的可貴。

做善事而被騙的人是傻瓜嗎？

社會上有很多需要幫助的人，希望得到救濟；同時亦有不少人假扮貧苦，騙取同情及錢財。騙取善心善款的人自然要承受因果報應，若因此影響做善事的人認為自己是傻瓜而日後行善時有所猶疑，這才是最大惡業。以下一則笑話或可反映現時社會的問題：

一位年輕人騎單車上班時遇到一老人暈倒，老人氣若游絲地表示多天沒吃飯，希望年輕人施捨一點錢財。年輕人因身上只有信用卡，只能打電話向女友求援。女友到達後立即大罵男友：「你腦子有病啊！什麼閒事你都要管！」當女友看到老人後大吃一驚，叫了一聲：「爸！你沒事吧？」老人看了女兒一眼，再挨近年輕人細聲說：「孩子，你是好人，聽我一句話，和我刁蠻及無情的女兒分手吧，她真的配不上你

啊。」事後，老人再偷偷地對女兒說：「這種傻瓜絶對不能嫁。」

《道德經》曰：「善者吾善之，不善者吾亦善之，德善。」社會上仍有很多人等待救助，若是因為害怕被騙而對一切視若無睹，社會到了這個地步是很悲哀的。無論是否善良的人，我們都應時刻懷着愛心對待他們，這才能使人人向善。當我們無法判斷對方是否真的境況可憐時，只要我們付出了善心，這才是盡顯人性的表現，絕對不是傻瓜。相反，傻瓜是那些騙人善心的人，自招惡業及因果，實在可悲！

美德・化育

誠信有何重要？

《論語》有謂：「與朋友交，言而有信。」自古以來，交友之道在於誠信，互相尊重，彼此信任。有了信用，才能真正貫通彼此內心，不會擔憂對方有所欺騙及隱瞞。《道德經》曰：「信不足焉，有不信焉。」沒有誠信，便得不到別人信任，人格也將徹底破產。以下《搜神記》的故事或可得到啟發：

東漢時，山陽人范式與相隔數千里的汝南人張劭在京城讀書時結為好友。學成後話別，范式說：「兩年後，我一定到府上拜見伯父、伯母及你的孩子。」兩人約定了日期。後來，快到約定之日，張劭請母親準備飯菜迎接，母親笑說：「范式遠在千里，怎能說來就來！兩年前的話怎能當真？」張劭說：「范式最守信用，他一定不會背約。」到了那天，范式果然從千里趕到。過了些年，張劭將死，對身邊好友說：「范式是我死友，遺憾不能見面。」後死，范式夢見張劭呼喊他，表示將在某日某時下葬，請趕上最後一面。到張劭下葬那天，不知為何棺材放不入墓穴。張劭母親撫摸着棺木說：「兒子，還要等候誰嗎？」過了一會，一輛馬車從遠處奔來，車上有人號啕大哭。張母說：「這人一定是范式！」范式下車，叩頭弔唁說：「你走了！死生不能同路，我們從此永別了！」當時送葬千人都流下眼淚，范式協助拉着繩索引柩，棺材終可放入墓穴。

有了誠信，即使是生死分隔，必上可通天，下可通地。人與人之間的交往，必須信守諾言，這也是保持社會和諧的基本要求；言而無信，說話不負責任，日後將難以令人信服。奉神也同樣，只要有不敬或不信，即難以感應及得到孚佑。

何謂尊師重道？

《禮記．學記》提到「師嚴然後道尊，道尊然後民知敬學」。「師嚴」就是教師受到尊敬，「道尊」就是教育受到重視。只有教育受到重視，民眾才會敬重學問，認真學習。沒有對教師的尊重，就沒有真正地尊重真理和學問。以下典故或可得到啟發：

漢明帝劉莊，是東漢第二位皇帝。博士桓榮是漢明帝做太子時的老師，明帝即位後，仍對桓榮如常行「師禮」，不忘師恩。他經常親自去桓榮府上探望，讓桓榮坐在東面座位，並擺好老師教書的小桌子，以及老人用的手杖；然後帶着大臣和桓榮的門生，站立兩邊，再親自捧上書本，請老師講授。桓榮生病，明帝就派人專程慰問，甚至親自登門看望。每次探望老師，明帝都是一進街口便下車步行前往，以表尊重。桓榮去世時，明帝穿着喪服跟在靈柩後面，哭泣盡禮，非常誠懇，並將其子女作了妥善安排。

古時君臣等級森嚴，君主還不敢要求老師行君臣之禮，可見古人對尊師之重視。道教的「報四恩」即有「師長恩」，要求我們報答師長的恩情，不可忘恩！而「三皈依」即有「無上師寶」，「師寶」乃「得道人為我師」，是我們依循學習的對象，必須至心歸向，以最誠敬的心學習。從另一角度看，教師必須重視身教，也要有一定學養，才不負學生之敬重；而學生尊重老師，也是天經地義，這是尊重教育和學問的應有表現。

父母疼愛孩子是無條件的嗎？

《道德經》曰：「生而不有，為而不恃。」父母對子女的愛，猶如大道生養萬物而不束縛，化育萬物而不自恃功勞，一切都是無條件的奉上。以下用鉛筆和橡皮擦的故事或可得到啟發：

鉛筆說：「我很抱歉。」橡皮擦問：「什麼事？你沒做錯任何事啊！」鉛筆回答：「我很抱歉，因為我的緣故，使你受到傷害；只要我出錯，你就要幫我刪除錯誤。每次幫我改過時，你都會失去自己的一部分。日子久了，你變得愈來愈小。」橡皮擦說：「那倒是真的，但我不在意。或許將來有一天我會消失，而你就會換一個新的繼續使用。你知道嗎？其實我很高興能做這份工作，你做錯了事，我就幫你解決，因為我就是為了這個目的而存在的，請不要擔憂。」

父母就像橡皮擦，而孩子就像鉛筆，父母永遠都為孩子清除錯誤。一路走來，有時年邁的父母會受傷，身軀愈來愈小、老化，最終將停止這份「工作」而離開孩子，這也是我們最痛苦的。雖然孩子或會找到新的橡皮擦（配偶），但是父母仍然對自己曾經為孩子做過的所有事情感到高興，並且不願意看見自己的寶貝擔心或是悲傷。《道德經》曰：「天地尚不能久，而況於人乎？」人總有終老的一天，為何不及時行孝，把握每天都關心父母呢？

家庭和諧的要訣是什麼？

家人每天相處在一起，見面時間多，靠得最親近，看見彼此的缺點也必定更多，所以磨擦也最多。要家庭和諧先要放下對方的缺點，並要學習欣賞對方的優點及加以祝福。《道德經》曰：「聖人常善救人，故無棄人。」世間眾生各有其能，各有長短，天下間沒有一個是最壞最廢的。以下是一則舊聞：

在俄勒岡州的波特蘭有一對夫婦經常為兒子的事苦惱，兒子三年前更離家出走。他們找了一位牧師訴苦。牧師問：「你們這樣詛咒兒子多久？」夫婦很訝異：「這是什麼意思？」牧師答：「詛咒是不斷說人家的不是。剛才你們所說的都是有關兒子的不是。你們這樣詛咒兒子多久了？」夫婦低着頭說：「不是詛咒，他變壞早在五六歲便開始，一直壞到現在，雖然我們已指出他錯處。」牧師說：「結果是無效吧！我要

挑戰你們，在接下來的兩個月，當你們想到兒子時，要向神祝福他，要說他好話，不可想壞的！」夫婦虛心接受牧師教誨，每天都持續這麼做。不久，兒子竟然致電來慰問父母及希望回家！這次父母沒有責備，反而十分感恩。當他們見到歸來的兒子頭髮凌亂及身穿破衣，以往一定先苛責兒子，現在卻很接納，而且心裏祝福。兒子從此不再離家出走，與父母關係和諧美滿。

這和好的關係是否從父母為兒子祝福時開始？沒有人會知道，但當我們願意祝福他人，而不再詛咒他們時，上天也會感應我們的祝福。今天我們種的是什麼因，就會有什麼果。如果我們撒下詛咒的種子，我們便會收到詛咒；若我們撒下祝福的種子，我們的收成就是祝福，這或許就是家庭和諧的關鍵。

說謊是否等同妄語？

妄語，就是以欺騙人為目的而作的謊言；而不妄語便是道教五戒之一。不過，謊言也要看自己內心的動機，如果動機是善意的，為了利益眾生而令他們免於急難、苦惱、遠離貪嗔，一些善意的謊言便是小妄語，雖有果報，但情有可原，猶如以下事例：

小姨帶了三個頑皮的孩子來到小林的玫瑰花園裏玩耍。小林在屋裏看到了，忿然喝道：「我要出去好好教訓這些小鬼！他們竟敢把我的玫瑰花弄斷了！」小林太太說：「何必你去呢？由我去吧。」之後太太輕聲對孩子說：「這些花都有刺的，又剛噴了殺蟲劑，林伯伯擔心你們被刺到，不小心中毒。他在樓上看了，緊張得不得了呢。」於是小孩子乖乖的不敢在玫瑰花園裏搗蛋。

教育小朋友需要親切指導和付出愛心，大人的一些呼喝謾罵，最好可以轉化為一些愛心語。以上故事裏的玫瑰花未必有殺蟲劑，屋主也未必真的緊張小孩；但太太的一番善言，則是化戾氣為祥和，盡見寬容與修養。當然，謊言終歸妄語，雖是利他，也需慎用。尤其是成人世界複雜，你認為是善意的謊言，但對方的感受可能又是另一回事，人與人交往始終最重要是坦誠真心的溝通。

何謂「養不教」？

原文出自《三字經》的「養不教，父之過。」即生育子女，只知道養活他們，而不去教育，那就是父親的過錯！不少人批評這是過時的觀念，曲解「教」就等於傳授知識，造成現代怪獸家長的出現，不斷強迫子女學習。實則中國人講的「教」，更重視的是做人處世的道理。教導下一代如何修身立德，是父母的責任，尤其要以身作則，不可託賴於人！以下故事或可得到啟發：

張二酉、張三辰是兩兄弟，二酉先死，三辰便視侄兒如同己出。給與田產，撮合姻緣，都是盡心竭力。侄兒生病，更親自煎藥，廢寢忘食。不幸侄兒早死，三辰經常若有所失，別人都稱道他的友愛。過了幾年，三辰病重，迷糊間到了陰府，其兄二酉要控告三辰殺了他的兒子，斷了他的後代！三辰感到奇怪，為何兄長如此冤枉？某日三辰稍稍清醒，便訴說自己的罪過：「兄長向閻王控告我，兒子本來是可以感化教誨的；我身為叔父，與侄兒情同父子，卻只知道養育而不知道教育他為人處世，放縱他為所欲為，惟恐違背他的意思。更讓他尋花問柳，最終染上毒瘡而死，這不是我的責任又是誰呢？」說完，三辰自撾胸口，悔恨而亡。

《道德經》曰：「修之於身，其德乃真；修之於家，其德乃餘。」修身立德是個人的，由此貫徹到家庭教育，這樣福德便會有餘。父母不應輕視子女的品德教育，學識還可以由老師教導，但品德應由家人傳遞。譬如父母經常當面或背後批評別人，甚至喝罵傭人或下屬，這樣會給下一代帶來壞影響，無怪乎子女也會駁嘴及與父母對罵了。

怎樣教育下一代行善？

自古道家強調「行不言之教」，多言無助修身，必須躬身力行才可體證道理。因此，父母不只是勸導孩子行善，更要身體力行，多帶同孩子參與慈善活動。在生活上遇到有需要幫助的人，更要義不容辭，貫徹始終。若平日義正辭嚴，遇上別人身陷苦難卻置之不理，便給孩子留下很壞的印象。以下故事或可得到啟發：

一位父親帶他兒子看馬戲團表演，他們在人龍中等待買票。前面的家庭有八個孩子，雖然看上去貧窮，卻穿着整潔而舉止有禮。他們手牽着手，興奮地談論對馬戲團的期待，顯然從來沒有看過。不過，他們到售票處時卻呆住了！原來突然漲價……女人知道後，低下了頭；而那個男人的嘴唇不斷顫動。身後父子看到了一切，兒子央求父親去幫助他們，父親說：「有些事，需要你自己來決定，如果你幫助了他們，

我們就不能看馬戲了！」兒子沉思了一下，欣然答應。父親迅速走到那家人後面，將原本準備好買票的廿元美金扔在地上又撿起來，大聲說：「先生，這是從你口袋裏掉出來的！」然後輕聲說：「別讓孩子失望！」那個男人激動得當場流淚。父親之後又對兒子說：「你負責幫人，我來負責保護別人的尊嚴！」

言行、品格和思想的教育不止在學校，家人的一言一行都在潛移默化中影響孩子。孩子或許不會聽我們說什麼，卻會看我們怎樣做，所以「不言之教」十分重要，以身作則才是最好的教育。故事中的父親，令人反思我們要尊重孩子的決定，由孩子心甘情願助人。此外，幫人可能會吃虧，幫人也要顧及對方感受。父母的言行，說不定正深印在孩子的腦海裏，影響一生。

師父對待徒弟不可嚴厲嗎？

經常聽到有弟子抱怨：「師父有時候真的很嚴厲。」馬丹陽祖師曾訓示弟子：「若卻講俗禮，則交接去處。」師徒之間不需虛假的禮俗，師父要威嚴時有威嚴，要寬容時可寬容，不需裝扮。要是裝扮的話，這只是交接應酬而已。如果有師父對待徒弟太過客氣或太多客套說話，這反而俗套了。以下故事或可得到啟發：

有一位師父很嚴厲，某天弟子大膽地問：「師父，你對我們太嚴厲，但對別人又太寬容，這裏面有什麼玄機嗎？」師父很認真地說：「對待上等根器的人可以直指人心，可責可寬，以真面目待他。對待中等根器的人要多用隱喻，要講分寸，他受不了指罵。對待下等根器的要面帶微笑，雙手合十；這種人最脆弱、心眼又小，只能用世俗的禮節對待他們。」

道教在皈依師寶有云：「當願眾生，學最上乘，不落邪見。」要拜師學道，必須發心學習最上乘，捨棄惡欲，刻苦不退。假若師父教你的是舒服的、享受的法門，而且從不嚴厲督促，這是未曾有的。

為什麼道教十分重視傳統倫常道德？

古云：「欲修仙道，先修人道。」在世間先修善德，有了資糧才可再修仙道。如沒有福德修為，很難達至臻境。故呂祖有九美德之教誨：「我治身，不過忠、孝、廉、節、義、信、仁兼惠、禮，故此真心持齋修煉而得上界為仙。」有了人倫道德，知所進退，時刻反省及克制自己的惡念，這就是修行之始，亦可證道。以下出自清代《閱微草堂筆記》之故事或可得到啟發：

清初，河北省交河縣為一位節婦建造牌坊，親友都來聚會恭賀。有一位表姊妹開玩笑問她：「如今你是守節到了白頭。不過，未知在這四十年來，遇到晨花夕月，你有沒有心動過呢？」節婦答：「人非草木，豈能無情？但慶幸能自覺不可逾禮，不能負義，就這樣自制了，不讓感情泛濫而悔恨。」有一年的清明節，節婦掃墓回家，忽然頭昏目眩，喃喃說起胡話來。醒來時告訴兒子，說丈夫將要接她離世：「人世所為，鬼神無不知也。幸我平生無瑕玷，否則黃泉會晤，以何面目相對哉？」半年後，節婦果然離世了。

道教強調身、心、神的清靜功夫，這是斷惡修善的根本；如非信仰堅定者不可做到，普通人俗務纏身，更難令自己安靜下來。不過，若能在家敬天尊神，時刻警戒自己，不敢胡作非為，這已是有修行的人了。道德修為到了臻境，則仙道有緣，福壽俱備。因此，道教修行從不脫離傳統倫常道德，尤其在家信眾更應遵循呂祖九美德的教誨，以此為修行的楷模，方可獲上天護佑。

父母是我們的提款機嗎？

母親節和父親節，不少父母帶着年幼的子女到酒樓品茗及出外遊玩。雖然是父母花錢，但只要一家人歡樂也就不計較了。不過，隨着子女逐漸成長，我們總不能永遠依賴父母，把父母當成提款機，只懂索取而不懂奉獻。即使家庭富裕，我們也要發奮圖強，否則家業最終敗在自己手上。

日本江户時代有一個著名望族叫「越後屋」，世代以染布為生。傳了多世後，家道中落，少主人又不喜營商，只是喜歡玩樂、賭博，以及和小貓「玉子」玩耍。管家多次勸告他也不聽，結果「越後屋」倒閉，債主臨門。少主人抱起玉子苦笑問：「你會像仙鶴報恩般報答我對你的悉心照料嗎？」想不到第二天玉子銜了一枚金幣給他，但他卻拿去賭博輸掉了。他再次哀求玉子，果然玉子第二天又帶了一枚金幣回來，但是又給他輸掉了。後來，大家發現玉子的身體愈來愈虛弱。少主人第三次哀求玉子……這次他跟蹤玉子，發現牠走到樹林後面的一座廟，合十唸道：「今次請拿走肚子、手和腳，再給我金幣……」少主人猛然驚醒，衝了出去想要阻止，可是小貓還是消失了，地上只留下三枚金幣。從此，少主人變成另一個人似的，整天拼命工作。他常向人說：「小貓可以犧牲自己來感動我，我怎可以不努力呢？」後來，「越後屋」又興盛起來，少主人在門前安放一尊貓拿着金幣的雕像供奉，那就是「招財貓」的傳說。

有時在你周遭的人，總是對你關懷備至，為你默默付出；對你好而你可能只是無止境的享用和索取，不懂感恩和知足。直到有一天，當你拿着最後的三枚金幣，卻恍然發現生命中最重要的人已經消失，是不是後悔莫及呢？《道德經》曰：「知足者富，強行者有志。」知足感恩，努力不懈，這才是報答父母最好的禮物吧！

孝敬父母便可以感應上天？

自古聖人皆相信「孝感動天」。《孝經》曰：「孝悌之至，通於神明。」好好孝敬父母，自然可以感通神明。上古時代，五帝之一的舜帝便因為孝感動天，當他在歷山耕種時，有大象跑來幫他耕田，小鳥飛來幫他除草，他以孝道聞名於天下，堯帝聽到後更將皇位禪讓給他。

明代也有這樣一件事，一位延慶州人叫黃鐘，四歲已是孤兒，後來伯父養育他。雖然夫妻倆生活貧苦，但對黃鐘的照顧可說是盡心盡力。他們每天只吃糟糠，如弄到白米，也會先讓給黃鐘吃。黃鐘很感恩，六歲時便流淚說，希望將來學業有成，能好好報答養父母。奈何伯父實在太窮，根本不可能繳交學費。某天，州官蔡公夢見城隍神，神明告訴他郡中有一位孝子，日後必當順天府尹。雖然現在貧窮不能上

學，惟孝敬養父母的心已經感動上天，故要求蔡公翌日到城隍廟碰面，並要周濟黃鐘，以及聘請一位老師教育他。果然，第二天蔡公就在廟裏遇到黃鐘，如是安排教學和接濟生活。黃鐘十八歲那年由地方官推薦入京應考，終於進士及第，蔡公這時候才告訴他孝感動天之事。

丘處機祖師曾說：「人罪莫大於不孝，不孝則不順乎天。」孝敬父母乃天經地義之事，常懷感恩自然合乎天心。相反，忤逆不孝者必遭因果報應。很多人誠敬拜神，以為拜得多便可以感應上天，所願皆成；卻不知道自己家中便有兩尊活神仙，能夠每天關心父母，和顏相對，細心侍奉，那就是敬天的表現，亦能感通天地。如果我們在家中對父母不孝不敬，卻走到神殿祈福，難道上天會感應賜福嗎？

身退・放下

快樂可以很簡單？

快樂不關乎物質多寡，而是個人感受美好時的反應，可以是知識、健康、情感上的滿足，故道家強調「知足者樂」。珍惜當下、知足知止的人最容易感到快樂，簡單的事也可樂透半天。以下故事或可得到啟發：

從前有一位王子經常悶悶不樂，某天獨個兒逃了出來，在森林遇到一位哼着歌的樵夫。王子問：「你什麼都沒有，為什麼還會這麼快樂？」樵夫說：「你在說什麼？我怎會什麼都沒有！我吃的飯和你一樣多，我睡的床和你一樣大，我做的夢和你一樣美。相反，你不能自由自在到處遊玩，而我可以；你不能隨隨便便躺在地上看天上的白雲，而我可以。為什麼我會不快樂？」

不開心的人只想到自己「求不得」、「已失去」、「已離別」的痛苦，而忽略了現在所擁有的；而物質豐盛的人也會有求不得的苦惱，包括健康、自由、情感等。《列子》有云：「善樂生者不窶，善逸身者不殖。」樂天知足便不覺貧窮，安逸感恩就不會為錢財所累。只要滿懷希望，則處處是樂土。人愈複雜，憂愁思慮也愈多，這樣又怎會快樂呢？

如何消除偏見？

偏見，即是先入為主的成見，針對種族、性別、年齡、國籍、宗教、胖瘦等等，貿然作出判斷。《道德經》曰：「天下皆知美之為美，斯惡已。」一切概念與價值都由人設定，充滿主觀的執着和無理的判斷，很容易造成紛爭。尤其是修行人有了偏見，更容易走偏走歪，不能自拔。以下是朋友的一段經歷，或可得到啟發：

廿多年前，朋友在往波士頓的火車上，遇到了一位失明的老先生。當時美國正爆發嚴重的種族衝突事件，大家都談到了種族偏見的問題。老先生表示，他自小便認為黑人低人一等，從沒與黑人同桌吃飯及上學，也不會和他們有任何身體觸碰，這是當時社會普遍的風氣，甚至認為白人和黑人結婚都會使父母蒙羞。後來老先生在波士頓念研究所時，因意外而令雙眼失明，隨後進入了一家盲人重建院。當時他非常信賴院內的心理輔導員，將他看成是自己的良師益友。過了一段日子，那位輔導員承認自己是黑人。「自此我的偏見慢慢消失，膚色對我已沒有意義，我只知道他是好人還是壞人。」火車快到波士頓，老先生繼續說：「我失去了視力，也失去了偏見，其實是很幸福的！」在月台上，老先生的太太已在等他，兩人親切擁抱。原來，他太太就是一位滿頭銀髮的黑人。

我們視力良好，偏見卻猶存在，這是多麼不幸！最有價值的事物，不是只用眼睛便能夠看到！聽到的、看到的，有時都不能盡信。要徹底消除偏見，必須用心去感受、去思考、去實證。嘗試放下心中已有的成見，並跳出固有的框架，這才會領悟到當中的道理。

如何坦然面對死亡？

以往談到身後事，總讓人感到不吉利，但經過近年大家多作探討及報道後，在生時早一點談及身後事就等同是一種保障。《南華經》有云：「予惡乎知惡死之非弱喪而不知歸者邪！」意即懼怕死亡，猶如自小流落異地，而不知返回故鄉。有生必有死，既然我們歡欣地迎接生命，也應以寬容的態度面對死亡。以下事例或可得到啟發：

某地有一位性情灑脫的官員，他退休後特意選在城北近郊建了一所別墅。這個地方雖然是在小山上，但距離城市不遠，卻也清靜。不過，別墅的前方正對着公墓，密密麻麻，排滿了許多墳墓。有個初相識的朋友到他的別墅拜訪，說：「你每天看的都是這些東西，心情又怎會快樂呢？」退休官員聽了後，笑着回答：「不，剛好相反。每天看到這些東西，令人不敢不快樂！它提醒我們要珍惜所有呀！」

談到死亡，常會讓人感到不吉利，但若看得透澈，就會如同這位退休官員一樣，面對死亡並不害怕。所謂生死有命，死亡隨時降臨在身上，所以更應該珍惜活着的每一刻，珍惜我們身邊的每一個人和做好每一件事。

如何可以擴闊胸襟？

《道德經》曰：「曠兮其若谷。」胸襟要似深山幽谷一樣，要空曠廣闊！有些人經常感到不開心，把自己困在狹小的空間，認為自己最不幸，天下沒有人理解自己，身邊的人都是愚蠢及討厭的，永遠找不到順心的事。以下故事或可得到啟發：

曾遇上一位經常抱怨的朋友，某天他又跑去師父面前訴苦，埋怨各種瑣事及遭遇的是非。師父沒說什麼，只是找了少許鹽放入朋友的水杯內，讓他喝一兩口，看看是什麼味道。朋友喝了半口便忍不住說：「很鹹啊！」師父讓他跟着走到室外，來到湖泊前方，又撒了一些鹽，讓他試試喝。朋友聽命，淺嚐了一口，說：「湖水太多，當然沖淡了，沒有味道吧。」師父說：「這就對了，鹽就是人生遇到的痛苦，是鹹是淡取決於盛放的容器。你現在只願做一杯水，何不化身為湖水呢？」

如果我們只局限在眼前物質和精神生活的牽累，就會覺得煩惱很大、很多、很複雜。然而漫漫人生中，曾經糾結的苦惱和仇怨，只是一瞬間就流逝了，如同過眼雲煙一樣。丘處機祖師在〈警世〉詩裏說：「粉黛與珍玩，繁華虛熱亂。欲知萬事空，須作百年觀。」不論是金銀財寶和各種奢侈的物欲享受，或是繁華、空虛、複雜的精神世界，在告別世界之時，再多的錢財和物質，都不能帶走一分一毫；再多的感情牽掛，也沒有留戀的機會和可能。跳出了人生「百年」的高度，一切煩惱更是微不足道。因此，嘗試打開自己的心窗，連接天地之間的廣遠，我們對待人和事可能更加寬容。

解決煩惱的方法就是放下嗎？

修行，就是要去除煩惱，逍遙登仙。王重陽祖師曰：「只要心中清靜兩個字，其餘都不是修行。」清靜，必要先放下。真正的放下，不是說了就會放，必要去面對、要悟通、要磨練、要真修，才可逐一放下，接近清靜。能放下，天下還有何事要顧慮呢？以下故事或可啟發一二：

有一位離塵多年的真人住在山上，很多人都喜歡攀山涉水見他一面，並不約而同地問：「我該怎樣做，才能不再煩憂？」真人給的答案都相同：「只要放下，就能不再煩惱。」有個自負的男子不服氣，專程去問真人：「世上有千千萬萬種人，就有千千萬萬個煩惱，但您給他們的解決方法完全相同，豈不是太可笑了嗎？」真人沒有生氣，只是反問男子：「你晚上睡覺的時候，會做夢嗎？」男子回答：「當然會！」真人

續道：「那麼，你每天晚上做的夢，都是一樣的嗎？」男子答：「當然是不一樣的。」真人微笑說：「你睡了千千萬萬次，就做了千千萬萬個夢。不過，要結束夢的方法是一樣的。那就是——醒過來！」男子聽到後恍然大悟。

每個人都會遇到很多不能逆轉的煩惱和遺憾，能從痛苦的地獄中解脫出來的不是靠別人，而是靠自己。人生有太多包袱，如果我們都一一扛在肩上，只會愈來愈感到吃力。選擇就在我們的手裏，能瀟灑放下，用感恩的角度面對不可逆轉的煩惱，這樣煩惱便可轉為清泉。想擺脫惡夢只能盡快甦醒過來，想遠離人生的不順遂，則唯有坦然如實面對，「放下」及醒悟過來。

人要放下的是什麼呢？

放下，不是指放下擁有的一切，也不是連身體和感情都不要。而是當我們在生命中感到疲累不堪的時候，應適當地拋下令我們困苦的東西並好好休息。

中年人阿明覺得生活壓力太大，想尋求解脫的方法。某天他向一位道長求教，道長給他一個簍子，要他背在肩上，並指着前方一條崎嶇的山路，說：「每當你向前走一步，就彎下腰來撿一顆石子放進簍裏，走到盡頭後我再跟你解釋。」阿明照着道長的指示去做，等他背上的簍子滿是石頭後，道長迎上前問他：「你一路走來有什麼感受？」阿明回答：「當然是愈走愈覺沉重。」道長說：「每一個人生來都背負着一個空簍子，我們每往前走一步，便從這個世界上撿到一樣東西放進去，所以才會有愈來愈累的感覺。」阿明又問：「有什麼方法可以減輕負擔呢？」道長反問：「你是否願意將名望、財富、享受、權力、情愛、欲望等拿出來捨棄呢？」阿明答不出來。道長說：「當你在人生拾得太多，如果不放棄一些，你的生命將承受不起，現在知道應丟下什麼和留下什麼嗎？」中年人反問：「這一路上，道長又丟下了什麼，留下了什麼呢？」道長正色道：「丟下身外之物，留下心靈之物。」

在紛亂繁雜的社會中，學會選擇是一件重要的事情。正確的選擇，可以使心靈獲得解脱，讓自己活得瀟灑自在。《坐忘論》曰：「非要非重，皆應絕之。」世間的貪、嗔就像是背簍裏的石子，不除去便步履愈沉，放下了則心靈愈滿足，愈有智慧，看待事物也變得簡單而幸福。

如何避免在痛苦中加深傷害？

我們遇到不如意事時都會感到沮喪及痛苦，如果繼續看不開、放不下，便是在痛苦中加深傷害。如《常清靜經》云：「煩惱妄想，憂苦身心。」憂愁思慮，傷心之餘更會傷身；如何才能看開、放下？以下一個故事，或可啟發一二：

一位女子走進道觀，老道姑帶她至客堂。她坐下後隨即哭訴，自己在四十歲將近結婚時，相識十年的男朋友拋棄了她，現在她不知如何是好，很想了結自己。老道姑安慰道：「世間沒有什麼東西是放不下的。」女子說：「這段日子每天以淚洗面，真的放不下。」老道姑遞了一個盛滿茶的杯子給女子，然後突然拿起茶壺倒熱水，熱水立即溢了出來。女子的手遭燙到，即時鬆開杯子。老道姑說：「痛了，自然就會放下。」女子點點頭。

雖然我們無法做到超然物外、一塵不染，但至少我們該學懂在熱水燙傷之前放下，避免傷害更深。既然生命是不斷向前進的，我們也要勇敢提起腳步，這樣才能走更遠的路。《道德經》曰：「飄風不終朝，驟雨不終日。」風雨不會長久，陰暗過後又是晴天。與其為風雨不樂，不如心懷期待，擁抱晴天的到來！

誰人可解除自己的煩惱？

我們面對每日營營役役的生活，不少人都會感嘆：「人愈大，煩惱愈多。」有些人選擇逃避，有些人尋求方法釋懷。其中有人投向宗教，希望從教義教理中學到解脫的方法。不過，我們必須認清一個事實，宗教的教義教理只提供一些開導自己的方向，真正能解除我們內心煩惱的，仍然是自己。

很久以前，有一位苦惱困擾的人聽說神仙可以幫助凡人解除任何煩惱，於是便登山尋仙問道。山上神仙聽到他講述自己的煩惱後，對他說：「真正解脫你的，只能是你自己。」苦惱者說：「可是，我現在就是解不開內心的苦惱啊！」神仙答：「你想一想，你心裏的苦惱是由誰人放進去的？」這個人沉吟片刻，抬起頭注視眼前這位仙人。神仙對他微笑道：「是誰放進去的，就讓誰拿出來吧。」

所謂「解鈴還須繫鈴人」，苦惱是從內心生起，任何人也不可能將苦惱從我們內心中取出來。求解脫，要靠自己修行才行。《道德經》曰：「為道日損」。要體道領悟，減損貪妄、怨懟，必須是自己做工夫。做得愈深，便愈能透過直觀體悟感受自身虛靜的道，放淡那些對名利、私欲的強烈追求，和放開那些對怨恨、恩愛的執着，真正升華自己的心靈。

怎樣才能活得舒服？

人是很奇怪的，為了生活得更美好及舒適，於是努力賺錢和拼搏，卻忽視了健康、精神和家庭，最終生活不但不圓滿，而且愈添壓力和痛苦。究竟是否愈賺取得多，有了名位及利祿便愈喜悅呢？以下事例或可得到啟發：

讀書年代，某次有一位女學生問老師：「老師，我看見很多成年人活得很辛苦，究竟人要怎樣活着才舒服呢？」老師說：「上學期你已修讀過文字學，知道每個漢字的構造都有特別意義吧，那麼你知道『舒』字是如何構成的呢？」學生答：「由舍和予組成。」老師翻開一本工具書，說：「是的，《說文解字》解釋為『從舍，從予，予亦聲。』清代王筠解釋『舍象房屋形，有施捨義；予有推予、給予義。』古人早已告訴我們，要活得舒服，便需要『捨』和『予』，即捨下煩惱和偏見，

亦要多點付出及與別人分享自己有餘的；如此才能喜悅，內心舒展和滿足。」

古人造字是經過深思熟慮的，而且對後世有所叮囑及教導。當我們累積太多煩惱而不抒解時，生活便變成負累和痛苦。《道德經》曰：「既以為人己愈有，既以與人己愈多。」其實幫人也是幫自己，令自己的生命和精神提升，廣結善緣而和諧充實，這是多少錢都買不到的。

人家的蜚短流長，為何不要記在心裏？

世間總有些人喜歡無事生非，將小事化成大事，到處煽風點火，惟恐天下不亂。面對這些小人，部分人會耿耿於懷，以致天天心神不寧，把自己弄得壓力大增。明知寬容放下才對自己最好，卻總是做不到。以下故事或可得到啟發：

一位辦公室秘書向一位老修行訴苦：「師父，我很辛苦。我部門有些同事很討厭，天天說人壞話，我恨死他們了。」老修行問她：「難道他們就沒有一點長處嗎？」秘書說：「他們最擅長說人家短處，其他的我沒興趣了解！」老修行很疑惑：「真奇怪！母雞會生蛋，母雞也會排泄，但人們關心的是吃蛋，不關心雞的排泄物。對雞如此，為何對人不然？」秘書不太明白。老修行解釋：「每個人都有他的長處和短處，既會生蛋，也會排泄。他們努力和美好的一面，以及工作上的長處，

你要留意及學習。至於他們亂說話，如同排泄物般污穢，你就不用學了，也不用天天記掛！你現在天天把排泄物放在自己心裏，豈會不辛苦？」

人生最重要是多吃雞蛋，少理人家的排泄物，這樣才能吸取營養，健康成長。可悲的是，很多人都放着雞蛋不吃，整天去執着人家的不好，辛苦了自己，人家卻得意洋洋。《道德經》曰：「不善人者，善人之資。」不善的人所做的惡事，可以作為善良一方的借鏡。即使領教到對方的醜行，我們亦不必耿耿於懷，不學習他們不好的一面就是了。

如何寬恕別人的過錯？

有時候，人家冒犯了你而令你不高興，你會久久不能忘記。不過，當人家幫了你一把時，很多時我們都不以為意。「寬恕」和「包容」是我們經常聽到的，但當不快的事發生在自己身上時，我們應如何放下不開心的事，而盡量記下美好的事呢？以下事例或可得到啟發：

有兩個小女孩，她們是要好的朋友。某天她們為了一點小事，其中一個打了另一個一記耳光。被打的很不開心，但沒有哭，只在潮濕的玻璃窗上用手指寫上「好友打了我一巴掌！」數天後，被打巴掌的那位女孩不小心在學校操場跌倒，打了她的那位朋友剛巧在一旁，立即扶起及慰問她。跌倒的小女孩隨即在背包上取了記事簿和原子筆，寫上「今天我的好友扶起我，對我十分關心！」朋友問：「為什麼你今次要

特別寫在記事簿上？」跌倒的小女孩笑着回答：「不開心的事，我希望它如水露般快些消失；但開心的、溫暖的事，我要把它仔細記下，不希望它會消失。」

《道德經》曰：「曠兮其若谷」。心胸應該寬廣如深谷。別人的缺點和對自己的不好應隨風而逝，別人對我們的好應銘記於心。遺忘對方的過錯，是寬恕、包容的表現；銘記對方的好，是時刻心懷感恩。我們要學習的，就是將別人對自己的傷害寫在水露上，將別人對自己的好記錄下來。

為何「功成」便要「身退」？

《道德經》曰：「功遂身退，天之道也。」「身退」不是什麼也不做，而是看穿世情，適當斂藏。當我們擁有財富和權力時，便很容易迷失方向，以為大家都在崇拜自己。修行人卻很清楚，別人崇拜的是你的財富和權力。當財、位都快失去時，我們便遭拋棄及侮辱。以下故事可說明一二。

山上廟宇有一頭驢，每天都在辛苦拉磨。驢漸漸厭倦了這種平淡生活，希望能往外出走。不久，機會來了，有位道人帶着驢下山去買東西，牠興奮不已。來到山下，道人把東西放在驢背上，然後牽着牠返回廟宇。沒想到，路上行人看到驢時，都虔誠跪在兩旁對牠頂禮膜拜。驢不禁飄飄然，原來世人是如此崇拜自己！當牠再看見有人路過時，便趾高氣揚停在馬路中央，心安理得接受大家跪拜。回到廟裏，

驢認為自己身份高貴了，死也不肯拉磨。道人無奈，只好放牠下山。驢剛下山，便遠遠看見一夥人敲鑼打鼓迎面而來，心想：「一定是前來歡迎我！」於是大搖大擺站在馬路中間。那是一隊迎親的隊伍，卻遭一頭驢攔住去路。大家憤怒不已，棍棒交加……驢倉皇逃回廟裏，奄奄一息。臨死前，牠憤憤告訴道人：「原來人心險惡！第一次下山時，大家對我頂禮膜拜，可是今天他們竟對我狠下毒手。」道人歎息一聲：「果真是一頭蠢驢！那天善信跪拜的，是你背上的神像啊！」

人生最大的不幸，就是一輩子不認識自己，以為自己可以權傾朝野，不可一世；卻不知眾人礙於自己的權勢、職務，或是我們背後所帶給他們的利益，而非我們個人本身有多麼尊貴。若能有此反省，便該於適當時候「身退」，身段也要放下來，才能擺脱昔日的束縛，免招自辱。

為何做人不可太執着？

我們每天都會遇上不同的人，有些人是令人喜歡的，有些人則是令人討厭的。當我們的人際關係裏每天都出現喜怒愛怨的情緒時，如果不放下一點執着，我們便會日積月累記掛着，當想起那人的好或不好時也會感到煩惱。如果到死去那一刻，我們仍耿耿於懷的話，那便好像以下的主角了：

小明的人生中，有一位互相仇視多年的同事，也有一位深愛自己的太太。小明差不多每天都會遇上他們，而這兩人一直在他心中揮之不去。直至最近小明突然離世……小明死後仍然關注着仇人和愛人的生活。他看到恨他的同事在工作上意氣風發，再沒有人可阻礙其大展拳腳；至於深愛他的太太則每日以淚洗臉。埋屍那天，他看到那同事也在場，嘴角帶點笑意；而太太則紅着雙眼輕泣。一年後，小明的屍骨

已經腐爛，那同事偶爾在茶餘飯後提到他時，仍然一臉惱怒；太太在夜深人靜時總會記掛着他。十多年後，小明只剩下殘骨，那同事已不太記得小明，再沒提起他了；而太太只是偶爾想起他時會有短暫的沉默，但漫長的時間和忙碌的生活把一切都漸漸模糊。幾十年後，小明的墳頭附近一片荒蕪，恨他的同事和愛他的太太也進了墳墓，但大家各走陰間路，瞬間又輪迴了。小明很迷茫，想痛哭卻發不出一點聲音；他想懺悔，卻已太晚了！

《道德經》曰：「夫物芸芸，各復歸其根。」生命始終有盡頭，大家最後都會回歸自然，世界到了最後又歸於虛無。我們營營役役一生，最後帶不走任何東西，而一切愛恨情仇到最後也如煙般消散。人活着，只要每一天都過得幸福就好了，用心去生活便是一種福氣，別以他人的眼光為尺度，把各種不好的情緒執着不放。百年之後，大家不過是一抔黃土而已，在生時又何須太執着？世間一切得來不易，珍惜眼前所有才最重要。離世的時候也無須牽掛，合眼過後又是另一番景象了。

大愛・無私

為什麼做人不能只顧自己？

《道德經》曰：「上善若水，水善利萬物而不爭。」上善之大德有如水般，無私生養萬物，而不爭奪成果。在人世間，若遇上天災人禍，更應以濟生救死為要，而不應區分你我之不同。如果人人都只顧自己利益，甚至明知自己行為不對，卻不理人死活，這是自私的行為。他日自己遭難，又有誰願意幫忙？以下故事或可從中得到啟發：

某座城市的郊區有一個大水庫，每年夏天都吸引眾多市民前去游泳。該水庫是整座城市的重要取水源，為了保持水源清潔衛生，水庫周圍豎立了許多「禁止游泳」的警告，可惜效果並不理想，很多人照游不誤。後來所有禁止類的標語都更換了，新的大型公告牌上寫着：「你家用的水來自這裏，為了你和家人的健康，請保持清潔衛生！」結果游

泳者就鮮見了。

人之私欲很難完全回避，但我們總不能處處為己，甚至連累別人。如果大家都像故事中的游泳客，不理勸喻而只顧自己享樂，最終把水源污染，影響大眾健康，這是何等自私及愚昧！大家處在同一天空下，應該彼此關顧及幫忙；假如每人都只是為了自己，便很難做到和諧共存了。

如何在危難中實踐大愛精神？

《太上感應篇》說：「宜憫人之凶，樂人之善，濟人之急，救人之危。」當危難發生時，各方踴躍捐輸救助，義不容辭；有信仰的人更可為大眾向上蒼祈願，保佑平安。不過，大家更應從危難中學習，展現人性道德光輝。以下歷史事例所顯現的大愛，或可得到啟發：

十七世紀倫敦爆發黑死病，染病人數和範圍不斷擴大，而英國北部倖免於難，這不得不提及伊姆村的功勞。某天一批從倫敦來的布料，將黑死病帶進伊姆村，很快整個村莊便人心惶惶，準備向北部逃離。一位叫威廉的牧師站了出來，堅決反對。他遊說村民：「如果我們已經感染了，逃出去一定會傳染更多人，留下來吧！讓我們把善良傳遞下去，後人會因而得福。」所有村民都願意留下，大家更築起一道石牆，

防止有人進出。附近村落感激村民的犧牲，紛紛把水、食物、日用品等物資送到通往村莊的入口，再由村民自己來取。在黑死病的肆虐下，伊姆村犧牲慘重，但他們成功阻絕了黑死病向北傳播。

「大愛」是指無私的奉獻，如同道教主張「齊同慈愛」的精神，在危難中更見可貴。面對死亡威脅，不應只思考如何讓自己活下去，也要盡力不讓更多人受害。災害雖然令人害怕，但團結和關懷，就是給大家溫暖及安慰的最佳良方。

何謂「廣結善緣」？

廣結善緣，就是無分彼此、廣布恩惠及多行善事而得到眾人愛戴的良緣。《道德經》曰：「聖人後其身而身先。」有道的人不以自己為先，事事為國為民，故能天下順從，自己反而得着更大，這便是廣結善緣帶來的福報。以下故事或可得到啟發：

清末富商胡雪巖，年輕時是一個小夥計，東家常常讓他拿着賬單四處催賬。有一次，正在趕路的他遇上大雨，同路的一個陌生人被雨淋濕了。那天他恰好帶了雨傘，便幫人家打傘。後來每逢下雨的時候，他都會幫助一些陌生人。時間一久，那條路上的人都認識他。有時他自己忘了帶雨傘也不怕，因為會有很多受過幫助的人為他打傘。因為這件事，胡雪巖致富後仍不忘廣結善緣，無論經營哪個行業，總有人幫忙，終成為富甲一方的商人。

你肯為別人打傘，別人才願意為你打傘。我們生活在同一個社會，正需要大家互相幫忙和扶持。有餘財的要懂得布施和分享，有餘力的要懂得行善及積德。我們無私的去幫人，廣結善緣，既交了朋友，又對得起良心。當有一天遇到困境，便是別人為我們撐傘的時候。

為什麼茹素可助長慈愛心？

道經有云：「能懷惻隱心，想念彼驚怖，故當不忍啖，心證慈悲行。」培養一顆慈愛心就先要有惻隱心，此乃證道修行之門徑。有此同理心，即能關愛身邊的人，以及天下一切。尤其證道者，必先去除業障及腥穢。《閱微草堂筆記》中記載了以下故事，或可得到啟發：

新疆深山中有一眾流氓集團叫「瑪哈沁」，他們有吃人的習慣。某天，一名婦人上山採樵，被瑪哈沁捉到，綁在樹上；並隨即升起火堆，割下婦人左邊大腿的肉要吃。忽然一聲槍響，人聲喧嘩，馬蹄聲震遍山谷，瑪哈沁以為官兵來了，丟下婦人逃跑。其實那是附近軍營的士兵追逐走失的馬匹，才湊巧救了婦人。若再遲片刻，婦人就要血肉模糊了。從此以後，婦人便長期吃素，並時常對人說：「我不是向神祈求福

報，只不過天底下的痛，沒有比割肉更痛了！天底下的恐怖，沒有比綁起來等待宰殺更可怕的了。每當我見到有人屠宰動物，就會憶起自己受痛苦折磨；想到動物被殺時，牠們的痛苦恐怖，一定也跟我當時一樣，所以我根本就吃不下去。」

我命即他命，人存此心，乃修證慈愛之根本。《太平經》曰：「夫天道惡殺而好生，蠕動之屬皆有知。」中國人自古已提倡戒殺護生，而背後的理念就是「天道好生」。茹素，正是尊重生命、守護地球的「好生」表現。一人茹素多方受惠，亦是功德無量之舉。

人與動物的生命是平等的嗎？

《南華經》載：「以道觀之，物無貴賤。」人與動物都是由道而生，大道之下無分高低，不能說人類是唯我獨尊。人具有智慧，更應平等看待萬物。以下故事或可啟發大家，動物也有靈性，與人類可以是好朋友：

有位老人以前是唐山某水庫的管理員，經常一個人駐守在水庫邊的配電室裏。一九七六年初夏的一個晚上，他發現一隻經常偷魚吃的野狐，不小心掉進缸裏，驚恐得流下眼淚。他於心不忍，就放生了這隻野狐。後來，他的魚再沒少過。他感嘆野狐十分通人性。更意想不到的是，那年七月二十八日凌晨，熟睡中的他被野狐吵醒。他看到野狐咬住了他的涼鞋不放，忽然生出一種預感，就跟隨野狐來到院子裏。就在這時，大地震轟然降臨，他居住的配電室瞬間被震塌……

地球猶如一個大家庭，所有生物息息相關，同樣具有道性。縱使動物不會言語，卻也有靈性，不少都懂得感恩圖報。道教強調：「禽獸旁生，性命同稟。」不能說動物的生命就是卑微而該殺。動物也會有感覺，同樣會開心、悲傷、畏死；人類善待牠們，地球才會眾緣和諧，大家都快樂美滿！

「愛」就是「喜歡」嗎？

「喜歡」是很隨意的，可以是一個念頭，就如喜歡一個牌子的東西便不假思索去買；但「愛」不能隨便，必須認真考慮及努力付出，並給予照顧關懷。以下故事或可得到啟發：

有人在廟裏請教一位老修行：「喜歡」和「愛」有什麼區別呢？老修行指了指窗外的一個小孩，只見小孩站在花前久久不離開，最後忍不住伸手把花摘下來。老修行說：「這是喜歡。」接着，老修行指了指另一個小孩，那個小孩滿頭大汗的給花澆水。他又擔心烈日曬傷花兒，寧願自己站在花前遮擋。老修行說：「這就是愛。」

「喜歡」是為了得到，而「愛」卻會讓你付出，這是最根本的區別。「喜歡」是短暫的，猶如花朵盛開之時美麗動人，讓人喜歡；但凋謝之後美麗不再，喜歡亦隨之而去。只有「愛」是長久的，而且懂得主動獻出關懷。若說到宗教上的「大愛」，更要無私奉獻，窮盡一生捨己為眾生。

為什麼說「樂善好施」的人是最富有的？

《道德經》曰：「既以為人己愈有，既以與人己愈多。」喜歡將自己得來的知識、財富、幸福帶給身邊的人，這是最富有的。因為感到自己富有，所以他們樂於與人分享。相反，經常埋怨自己什麼都不足夠的人，很難會再與人分享什麼。有個關於蓋茨的故事是這樣的：

很多年前，在蓋茨還沒有錢、也沒有名氣的時候，他在機場碰到一個賣報紙的小販，當時他零錢不夠，但小販竟然免費送一份報紙給他。三個月後，蓋茨抵達同一個機場，發現零錢又不夠買報紙，小販再次慷慨送給他。這次蓋茨拒絕了，小販說：「拿去吧，我將利潤拿出來和你分享，不用還給我！」十九年後，蓋茨已經非常富有，他決心找到當年那個小販，而小販也記得免費送報紙的事。蓋茨說：「我想報答

你。你有什麼需要？我會盡量實現它。」小販回答：「不需要這樣比較的。當我只是個窮小販時就幫你，現在你是世上最富有的人而試着幫我，你的幫忙怎能和我的相比？」那時，蓋茨才體會到，那個小販比他更富有，因為小販沒有等到自己有錢時再來幫助別人。

我們必須了解，真正富裕的人擁有的是富裕的心，而不是許多物質。物質的豐盛未必能讓生活過得充實，心靈的富足可以讓我們過得快樂、幸福。我們應該盡量與人分享及布施，無論是一個笑容、一句勉勵，或一份報紙，都足以令人感到愉快和溫暖，這便是真正的富有了。

什麼是人情味？

商業化的社會，什麼都講求行政與程序，人與人之間的關係好像愈來愈疏離，人情味愈來愈薄弱。什麼是人情味？《道德經》曰：「聖人無常心，以百姓心為心。」沒有了私心偏見，關顧別人的心如對待自己一樣，這種人與人之間誠摯的濃情便是人情味。以下是一位朋友的故事，或可帶來啟發：

某天朋友無故被上司訓話，下班後帶着一肚子氣回家。她無意識地上了電車，在擁擠的車廂中仍然深深不忿。想着有些人憑着特殊關係而很快攀升，自己為公司賣命多年卻只是別人的出氣袋，愈想愈失落。快要下車了，她摸索着身上的八達通，卻愈摸愈着急，她竟然沒有帶卡及零錢！眼看車已到站，司機和乘客都注視着她，卻沒有一個人同情她！不得已下，她顫抖着準備投入僅有的五百元大鈔。突然，一位婆婆丟進五元，告訴司機：「我們兩人的車資！」便拉着她下車。下車後她才知道，本來婆婆要提早兩個站下車，只因看到她臉色不佳，想陪她一會。她滿臉羞愧，想到婆婆剛才就站在自己身邊而自己卻沒有讓座，現在反倒讓婆婆幫忙。一小段路程，婆婆一直扶着她的手臂勸慰。其中講到：「每個人一生中總有幸與不幸，我們今日際遇不好，卻有人比我們更糟。我們埋怨上天不公平，那麼換成我們是老天爺呢？我們能做得更好嗎？珍惜我們現有的，其實我們已很幸運了。」朋友深深感動，向婆婆承諾一定過得快樂！

珍惜現在，這句說話人人都聽過，但我們不開心的時候總是想到負面的事而忘記身邊的美好。當我們遇到有人不開心時，不妨主動關心開導，讓他們知道身邊有人記起他、關心他；並提醒他們珍惜現在，為社會加添暖暖的人情味。

如何做到無私的布施？

做好事讓別人知道了叫陽德，不被人知道叫陰德，布施一樣也有分陰陽。道教經典記載：「雖不作惡事，而口及所行之事，及責求布施之報，便復失此一事之善，但不盡失耳。」若是抱有私心利欲，希望別人知道而稱揚你，給你發個獎狀表揚一下，這些只是小德。沒有機心的幫人，無分彼此親疏，即使遭人誤會、奚落仍真心助人，這才有大福報，真正做到無私的布施。以下故事或可得到啟發：

有一位少女每天晚上都做同一個夢，走向一扇通往天國的門，卻無法取得開門的鑰匙。守門人告訴她：「唯有無私的大愛，才能進入。」回到現實，某天少女遇見一名乞丐忍受飢餓，為了取得天國鑰匙，她趕緊施捨食物。晚上她又夢到天國之門，守門人仍然不肯交出鑰匙，少女十分失望。第二天她趕着上學，卻在街上看到一隻身受重傷的小狗

倒臥地上，又無助又可憐，所以即使快要遲到，她還是堅持停下，仔細為小狗包紮傷口，並且小心在旁邊照料，心想：「小狗受了這樣的傷，一定很痛苦吧！」更忍不住流下眼淚。晚上，守門人出現在少女的夢境，主動把鑰匙放在她手中。少女驚訝：「我今天不是為了得到鑰匙才幫助小狗的！」守門人微笑道：「願意捨棄自身利益，並且真心付出的人，才有資格進入天國。」

布施是一種發自內心，無所求的無私奉獻；因為無所求，所以做的時候會感到身心愉快而沒有壓力。若是為了某種目的而布施，這樣做起來反而心不甘情不願，甚至倍感沉重。

為何要付諸實行才是真愛？

「齊同慈愛」，一直是道教追求大愛的理想。將愛付諸實行，就是善行。呂祖「九美德」的忠、孝、廉、節、義、信、仁、惠、禮，都不是口號式的旗幟，而是需要實踐及在生活中做到，方是修行。以下事例或可作為借鏡：

有一位老教授，擁有十多個物業，惜老伴早死，不能陪他度過晚年。雖然他有三個孩子，但長大後都出國讀書及居住，很少回來香港。孩子長時間不在身邊，所幸還有一位學生，多年跟出跟進的伺候他。許多人都說：「這年輕人平日做研究就是了，每天都陪着老頭子，好像很孝順的樣子。誰不知道，他是為了老頭子的家財。」老教授的孩子們聽到流言後，也常從國外打電話叮囑老父要小心受騙。老教授總是說：「我當然知道！又不是傻子！」多年後，老教授過身了。律師宣讀遺囑時，三個兒子都趕回來，那學生也到了。遺囑透露，老教授把部分的物業給了學生，三個孩子都變了臉。律師繼續宣讀遺囑：「在我孤單的日子裏，真正陪我的是這位學生。就算我的兒子很愛我，但都是說在嘴裏、掛在心上，卻不伸出手來，那真愛也成了假愛。相反，我這位學生服侍我十幾年，一句怨言都沒有，這個肯定是不假的！」三個兒子頓時感到萬分內疚。

愛人如是，愛自己的父母更是，要付出愛便請伸手去做，別空口去說。當父母年紀愈來愈大時，他們可能會忘記你所說的，忘記你所做的，但他們絕不會忘記你所給他們的感覺。由現在開始，是時候反思自己是否每天都在愛自己的父母了。

人家快樂也會令自己快樂嗎？

愈是關心身邊的人，人家幸福自己也會高興。不過，當我們太過重視自己的私欲和處處計較時，便對周遭的人和事漠不關心，最開心的可能就是自己一帆風順而已。能把自己放下，感受身邊人的苦樂，這就是慈悲心了。以下是身邊朋友的一件小事，或可得到啟發：

朋友住在一間小村屋內，有一晚他發現一樓露臺上的燈亮着，把樓下的小路也照亮了。他以為妻子忘記關燈，便進去要把燈關掉，這時妻子攔住了。他很疑惑，妻子便指着窗外。他看到窗外的路邊，有一輛滿載垃圾的三輪車，車上坐着一對拾荒的老夫婦。他們在自家露臺投射出的燈光下，邊說笑邊開心地吃着東西。看着燈光下的那對夫婦，朋友和妻子相視而笑，悄悄退出了露臺。

只要我們都用無私的心為身邊的陌生人點亮一盞燈，世界便會多一份和諧，多一份感恩。《道德經》曰：「聖人處無為之事，行不言之教。」有道的人行善助人是自然不刻意的，而且身體力行做好，不會用説話為自己宣傳。能夠幫到別人而不求回報，人家開心而自己亦歡喜，即使簡單的為人家照明，這也是很大的陰德！

為什麼幫人即是幫自己？

我們每天都會面對不同的人和事，遇上困難時未必每次都可以自己一人去解決，有時候總需要嘗試找人幫忙。同樣，我們遇到別人有困難時，也需主動幫忙。主動幫人便是種下善緣，大家互相幫助，最終其實在幫自己。修行上，我們也需要與同門互相鼓勵，王重陽祖師便提出了「合道伴」，即修行要與道伴互相扶持才更見進步。以下故事或可得到啟發：

京城有一個賣包子的，一個賣棉被的，某夜因躲避突如其來的風雪，同時住進了一間破廟內。兩人互不理會，一個吃飽了餘下的包子便睡在廟裏東南角，卻乾冷着；一個蓋上被子睡在西北角，卻乾餓着！兩個人心想：要是對方主動找我，我肯定和他合作。結果第二天早上，附近的人發現了他們，一個凍死了，一個餓死了！

很多人因為自尊心強，不想求人幫忙，所以有困難、有不開心的事只會收起來，令自己躲起來痛苦，獨自面對。不過仔細想想，其實尋求幫助真的這麼難於啟齒嗎？我們見到別人有需要的時候，也應主動伸出援手。這個世界就是這樣互相協助、扶持，廣結善緣，才會有更多正能量，不斷改善和進步。

簡單而微小的施惠真的有用嗎？

施惠行善無分大小，也不一定要有錢、有力，只要無私去做，不怕吃虧，便是「上善」。常云：「莫因善小而不為」，即使是給人一碗白飯、一杯茶水，也可令人感到幸福滿足，令世界變得更美好。以下故事或可啟發一二：

有一位賣花的小姑娘把當日餘下的一朵玫瑰送給了路邊的乞丐。這位乞丐從沒有接受過別人的愛，他決定早點回家及找一個瓶子把玫瑰珍而重之養起來。突然他覺得，漂亮的花怎能隨意插在骯髒的瓶子裏呢？所以他決定把瓶子洗乾淨。之後他又感覺漂亮的花和乾淨的瓶怎能放在凌亂的房間內？於是他把房間打掃一遍，房間因為有了一朵玫瑰而變得溫馨起來！正當他陶醉地欣賞煥然一新的家時，突然發現鏡中反射出一個蓬頭垢面的人，如此怎有資格與玫瑰相伴？於是幾年沒洗澡的他立刻跑去沖洗，再找出幾件稍微乾淨的衣服，又刮鬍子，把自己從頭到腳整理一番。他回頭再照鏡子，發現一個從未見過的年輕帥氣小伙子！他覺得自己也不錯，為什麼要去當乞丐呢？這是他當乞丐以來第一次這樣問自己。再看看房間的一切和這朵美麗的玫瑰，他當下決定不再當乞丐而是去找工作……就是因為一朵小小的玫瑰，竟然讓他有了變化，讓他走出了一條截然不同的路！

故事中的玫瑰不只是一朵花，而是一份希望，一份對人生的祝福！善的力量無限，那怕是簡單而微小的善行，誰也無法預測今日散播之後會為世界帶來多少溫暖和幸福。當我們願意為別人付出多一點，關顧和愛惜身邊的人時，世界也會隨之改變！

維繫長久的婚姻需要什麼？

《道德經》曰：「天地所以能長且久者，以其不自生，故能長生。」要保持長久，便不能以自己利害作優先考慮，凡事不可只為了自己。一段長久的夫妻關係需要用「愛」來維繫，凡事都顧念對方，而不是自私的從自己角度出發，事事都先想起自己。無論婚前和婚後，都需要無條件的關愛對方，婚後不改初心，仍然以「愛」維繫。以下故事或有所啟發：

某個早上，醫院內醫護人員十分忙碌，一位年約八十歲的老人家想找醫生幫他拆線，並很趕急的不停看錶。當時有一位護士剛好完成手上工作，看着老人家很焦急，於是主動走過去幫他拆線。護士一邊把傷口上的布一層一層拆下，一邊好奇問：「伯伯，為什麼你這麼趕？」伯伯說：「是呀！因為我每天都有緊要事做。」護士更好奇了：「老人家

應該不用上班吧，什麼事情要這麼趕呢？」伯伯見她疑惑，便說：「是呀……我要趕去老人療養院，陪太太吃早餐。」護士問：「她沒什麼事嘛？」伯伯答：「沒事，柏金遜症吧，已有一段日子了。」護士幫他拆好了線，看一看錶：「你會遲到嗎？太太會擔心你呀！」伯伯說：「不會，這五年來她都不認得我了。我去不去，其實她都不知道。」護士驚訝問：「她已經不認得你五年了，你還每天大清早去？」伯伯笑了：「她不認得我，但我認得她，那就可以了。」跟着慢慢起身走了。

「她不認得我，但我認得她，那就可以了。」這句話正帶出了伯伯不改初心，對太太充滿了愛。無論環境如何變遷，這份愛仍不會改變。如果伯伯只考慮自己年老無力，也不能令太太想起自己，這樣便很難再有動力每天按時見太太了。同樣道理，修行也需要在任何環境中不改初心，不是只為了自己，也是為眾生、為天下；將慈愛普濟有情眾生，這種精神才能更有動力，永傳不滅。

津津樂道叢書系列

眾妙之門：生活道教智慧

責任編輯　黃杰華
裝幀設計　簡雋盈
Sands Design Workshop
排　　版　楊舜君
印　　務　劉漢舉

作者　樊惟證

出版　中華書局（香港）有限公司
香港北角英皇道四九九號北角工業大廈一樓 B
電話　（852）2137 2338
傳真　（852）2713 8202
電子郵件　info@chunghwabook.com.hk
網址　http://www.chunghwabook.com.hk

發行　香港聯合書刊物流有限公司
香港新界荃灣德士古道二二〇－二四八號荃灣工業中心十六樓
電話　（852）2150 2100
傳真　（852）2407 3062
電子郵件　info@suplogistics.com.hk

印刷　美雅印刷製本有限公司
香港觀塘榮業街六號海濱工業大廈四樓 A 室

版次　二〇二三年五月初版

規格　三十二開（210 mm × 148 mm）

ISBN　978-988-8809-77-6